Claudette Villeneuve
26 juin 92

Clairvoyant
22 juin 92

L'influence de la couleur

Couverture

- Conception graphique:
  KATHERINE SAPON
- Photo:
  RÉFLEXION/LAMBERT

Maquette intérieure

- Conception graphique:
  JEAN-GUY FOURNIER

Équipe de révision

Daniel Ariey-Jouglard, Jean Bernier, Monique Herbeuval, Patricia Juste, Jean-Pierre Leroux, Odette Lord, Linda Nantel, Paule Noyart, Jacqueline Vandycke

DISTRIBUTEURS EXCLUSIFS:

- Pour le Canada et les États-Unis:
  LES MESSAGERIES ADP*
  955, rue Amherst, Montréal H2L 3K4
  Tél.: (514) 523-1182
  Télécopieur: (514) 521-4434
  * Filiale de Sogides Ltée

- Pour la Belgique et le Luxembourg:
  PRESSES DE BELGIQUE S.A.
  Boulevard de l'Europe 117
  8-1301 Wavre
  Tél.: (10) 41-59-66
  (10) 41-78-50
  Télécopieur: (10) 41-20-24

- Pour la Suisse:
  TRANSAT S.A.
  Route du Grand-Lancy, 2, C.P. 125, 1211 Genève 26
  Tél.: (41-22) 42-77-40
  Télécopieur: (41-22) 43-46-46

- Pour la France et les autres pays:
  INTER FORUM
  13, rue de la Glacière, 75624 Paris Cédex 13
  Tél.: (33.1) 43.37.11.80
  Télécopieur: (33.1) 43.31.88.15
  Télex: 250055 Forum Paris

Betty Wood

L'influence de la couleur

Sachez utiliser la couleur pour augmenter votre bien-être physique, mental et spirituel

Traduit de l'anglais
par
Marie-Luce Constant

le jour, éditeur

Données de catalogage avant publication (Canada)

Wood, Betty

L'influence de la couleur

Traduction de: The healing power of colour.
Comprend un index.
Bibliogr.:

2-89044-360-4

1.Couleur - Effets psysiologiques. 2. Chromothéra-
pie. I. Titre.

QP82.2.L5W6614 1986 613'.1 C86-096090-0

Édition originale: *The Healing Power of Colour*
The Aquarian Press
ISBN: 0-85030-384-2

Bibliothèque nationale du Québec
Dépôt légal — 1er trimestre 1986

ISBN 2-89044-360-4

Introduction

Dans un ouvrage qui traite de la couleur et de la thérapie par les couleurs, il faut comprendre qu'il n'est pas nécessaire de percevoir visuellement ces dernières pour qu'elles exercent une influence sur nous. Sous forme de pigment ou de rayons lumineux, les couleurs influent continuellement sur les sens les plus subtils et les réflexes qui jouent un rôle crucial dans notre vie.

Les daltoniens, par exemple, peuvent être totalement incapables de percevoir des couleurs telles que le rouge et le vert. Il est même possible qu'ils ne distinguent, dans le pire des cas, qu'un univers grisâtre. Les aveugles de naissance n'ont sans doute qu'une idée très vague de ce que nous entendons par "couleur". Cependant, Harold Wohlfarth, professeur à l'Université de l'Alberta, et président de l'Académie allemande des sciences de la couleur, croit que celle-ci exerce un effet physiologique certain sur les êtres vivants. Au cours d'une expérience, il a découvert que la lumière avait une influence "identique" sur la tension artérielle et le pouls de deux enfants aveugles et de sept enfants voyants. Le professeur affirme que les couleurs de la lumière provoquent une réaction d'un ou plusieurs neurotransmetteurs du cerveau. En outre, la couleur semble influer sur d'autres parties du corps, s'il faut en croire les résultats obtenus à la suite d'expériences entreprises en Chine et en U.R.S.S., selon lesquels un certain nombre de personnes auraient été capables de distinguer les couleurs et de lire en se servant de parties du corps autres que les yeux.

Notre perception de la couleur varie légèrement d'un individu à l'autre, même si nous utilisons des vocables identiques pour la décrire. Il peut arriver aussi que deux personnes ne soient pas d'accord sur la perception d'une nuance: l'une qualifiera un objet de "bleu", tandis que l'autre affirmera qu'il est plutôt "lilas". Certains idiomes ne possèdent aucun terme pour désigner des couleurs complexes. Il en résulte que, tels les enfants ou les premiers hommes, les utilisateurs de ces langues considèrent les couleurs primaires comme les plus attrayantes et les plus simples à décrire et à retenir.

"Que la lumière soit!" fut le cri originel de nombreux mythes de la création car sans l'action du dieu Soleil, la vie ne se serait jamais manifestée. Nous le savons, la lumière exerce une influence vitale sur tout ce qui croît, grâce à la photosynthèse, et sur tout ce qui vit, l'être humain compris, car elle influe largement sur les processus de reproduction. La lumière solaire favorise la production de certaines vitamines, notamment de la vitamine C, tout en provoquant une carence en d'autres, comme c'est le cas, par exemple, après une surexposition à certains types de lumière fluorescente. Par la glande pinéale, la lumière qui frappe la rétine semble jouer un rôle sur la synthèse de la mélatonine, hormone qui contribue à la détermination de la production de sérotonine, l'un des neurotransmetteurs. Le professeur Wohlfarth poursuit actuellement des expériences à ce propos dans quatre écoles et les résultats qu'il a obtenus sont très intéressants. En outre, selon Alexander Schauss, directeur de l'American Institute of Biosocial Research, l'énergie électromagnétique de la couleur influe sur les glandes pituitaire et pinéale ainsi que sur l'hypothalamus, dont l'importance au sein du système endocrinien est indéniable. Bien que psychologues et scientifiques ne soient pas unanimes à cet égard, tous reconnaissent néanmoins que les parties du spectre électromagnétique que nous ne pouvons percevoir, telles que les rayons X, les micro-ondes et les rayons ultraviolets, exercent indiscutablement une influence notable sur l'organisme. Par conséquent, pourquoi la partie du spectre que nous sommes capables de distinguer n'aurait-elle pas aussi une influence sur nous?

La vie serait plutôt insipide sans la stimulation de la couleur. La manière dont nous l'utilisons en dit long sur nous-même et peut en dire encore plus aux autres. Un choix peu judicieux de couleurs risque de provoquer sur autrui une impression défavorable, mais il peut aussi faire de nous des êtres fades qui se demandent souvent pourquoi ils passent inaperçus! L'influence de la couleur est envahissante. Elle se manifeste chez nous, dans notre milieu de travail ou de loisir, dans notre habillement et notre comportement. Nous apprendrons dans les pages qui suivent pourquoi nous avons tendance à choisir certaines couleurs au détriment d'autres et comment, grâce à une utilisation judicieuse de la couleur, nous pourrions modifier l'atmosphère d'une pièce ou l'attitude d'autrui à notre égard.

Les psychologues ne sont pas d'accord sur l'importance de la couleur en ce qui concerne la personnalité humaine. Cependant, comme nous l'apprendra plus loin le test de Lüscher, il semble bien y avoir une corrélation entre la couleur et la personnalité, corrélation qui, pour une large part, est certainement le fruit des influences culturelles et de l'éducation. Cependant, si nous remontons le temps jusqu'à la Préhistoire, nous constaterons à quel point la couleur jouait un rôle crucial dans la vie des premiers hommes et comment elle a évolué ensuite. L'intuition humaine n'en demeure pas moins un guide utile et, à longue échéance, se révélera probablement plus fiable qu'un cortège de tests psychologiques sur la personnalité.

La couleur a une texture, un goût. Elle provoque une sensation. Certaines personnes la perçoivent même sous forme d'une note musicale: une mélodie lente et solennelle s'accorde bien aux bleus et aux teintes sombres tandis qu'un tempo rapide se retrouve plutôt à l'extrémité rouge du spectre. Des notes aiguës évoquent des couleurs claires, et inversement. Les psychologues estiment que ce phénomène repose sur l'hérédité mais sont incapables pour le moment d'en fournir une explication satisfaisante. Certaines personnes attribuent une couleur à chaque jour de la semaine. Les chiffres ont des couleurs, les prénoms évoquent des couleurs. Par exemple, tous les Michel feraient apparaître le vert à l'esprit, tandis que toutes les Élisabeth suggéreraient le bleu.

En outre, nous portons autour de nous en permanence notre propre champ électrique, que l'on nomme "aura". Il est comparable au rayonnement auroral de la Terre, le nord positif se situant autour de la tête et le sud négatif au niveau des pieds. C'est autour de la tête que le rayonnement est le plus puissant et la plupart des gens n'ont besoin que d'un entraînement modéré pour être capable de le distinguer. L'aura est un indicateur important de la santé, de l'humeur, de l'état d'esprit et les initiés parviennent aisément à évaluer ce qu'ils distiguent. Quant à nous, pauvres profanes, ne nous désolons pas si l'aura nous est partiellement, voire totalement invisible; nous sommes presque tous capables de "sentir" la présence de l'aura et nous réagissons automatiquement lorsqu'une aura amicale ou hostile nous approche.

En bref, nous sommes subtilement manipulés par la couleur. Les résultats sont parfois spectaculaires. Une affiche rouge ou orange vif agresse, tandis que des tons doux de bleu ou de vert semblent s'effacer tout en nous attirant... Les publicistes savent capter le regard grâce à un agencement astucieux des formes et des couleurs, exactement comme la fleur attire l'abeille.

Enfin, la manière dont nous utilisons et percevons la couleur et ses nuances infinies n'est peut-être que le reflet de souvenirs profondément enfouis dans notre mémoire. Certaines féeries de couleurs — l'aurore opalescente de rose et d'or, le bleu lumineux d'un ciel vespéral, les rayons du soleil emprisonnés dans un vitrail, un arc-en-ciel qui s'inscrit au firmament — n'évoquent peut-être que le souvenir lointain d'un autre royaume perdu, dans lequel la couleur et la lumière tissaient des images que nous ne pouvons plus que deviner. Nos rêves et nos méditations font remonter à la surface quelques-unes de ces images qui, utilisées avec sagesse au cours de notre quête d'apaisement et de plénitude, ne peuvent qu'avoir un effet salutaire et lénifiant.

Chapitre premier

La couleur à travers le temps

Si nous essayons de remonter le temps afin de retracer l'évolution de la sensibilité de l'homme à la couleur, nous devrons, pour une grande part, fonder nos hypothèses sur des conjectures. Bien entendu, certaines découvertes archéologiques et anthropologiques viennent souvent à point pour les étayer. Les ancêtres les plus lointains que nous nous connaissons, l'homme de Cro-Magnon et l'homme de Neandertal, n'ont laissé que de maigres vestiges de leur existence: des outils de pierre ou d'os, des fragments de squelettes humains et quelques "tombes". Les découvertes les plus palpitantes nous viennent des peintures rupestres, exécutées avec une maîtrise extraordinaire, colorées de matériaux naturels à base de pigments auxquels l'homme préhistorique avait facilement accès.

La conclusion la plus évidente que nous puissions tirer de ces premières tentatives de représentation polychrome du monde est que l'homme contemplait son environnement que peuplaient en abondance créatures et plantes. Il regardait le ciel, le soleil et la lune, les rivières et les océans. Enfin, il se regardait. Il voyait les couleurs de la terre, du feu, du sang et de l'eau, il distinguait la grande variété de fourrures et de plumes de même que les écailles des reptiles et les insectes aux vives couleurs. Il avait découvert des matériaux à sa portée, tel l'ocre rouge, minerai oxydé dont la couleur varie du jaune au pourpre, que l'on nomme aussi hématite ou sanguine. On a découvert des restes de squelettes de Neandertaliens gisant sur un lit d'ocre rouge. Parfois, les ossements mêmes étaient peints à l'ocre, rituel toujours observé par les aborigènes d'Australie, par exemple.

Ce pigment n'était sans doute pas considéré comme simple élément décoratif mais aussi comme un matériau très particulier, symbole de divers pouvoirs et principes sacrés qui devaient être invoqués afin d'obtenir une protection. En Afrique, on a retrouvé des outils préhistoriques de pierre à proximité de mines vieilles de quelque 50 000 ans, mais les archéologues répugnent à admettre que l'homme préhistorique les exploitait puisque celui-ci ne semble pas avoir découvert les usages du minerai métallique. N'oublions pas qu'il peut très bien avoir creusé la terre pour découvrir ces pigments. Dans un livre récent intitulé *Lightning Bird*, Lyall Watson pose de manière convaincante l'hypothèse que l'homme primitif recherchait bel et bien des pigments dans la terre, comme le font encore les Africains.

Lightning Bird est l'histoire vécue d'un jeune homme, Adrian Boshier, qui, très jeune, décida de partir explorer l'Afrique à pied. Il entra dans la légende, non seulement grâce à ses dons de charmeur de serpents mais aussi en raison de ses connaissances très poussées de la culture indigène. Une prêtresse-devineresse, Rrasebe, le prit sous son aile afin de lui communiquer plusieurs de ses secrets. Un jour, elle le conduisit dans des cavernes et lui expliqua qu'elle se souvenait avoir vu son père préparer ses peintures. Il broyait de la pierre blanche, du charbon et de la terre rouge qu'il mélangeait à de l'eau et à d'autres liquides. Après avoir obtenu la teinte désirée, il peignait sur le roc des scènes traditionnelles. "Dans toute l'Afrique, écrit Lyall Watson, la couleur joue un rôle important en matière de symbolisme, notamment de symbolisme rattaché à la médecine." Les connaissances d'Adrian Boshier, alliées à la découverte de véritables outils préhistoriques au Swaziland, intéressèrent un éminent paléontologue, le professeur Dart, qui lui offrit son appui et ses conseils. Les résultats de leurs recherches communes et l'examen de certains outils que le professeur Dart avait exhumés en Zambie, donnent à penser que les prêtres et les devins utilisent encore des instruments et des méthodes d'extraction des pigments tels que le bioxyde de manganèse et la pyrolusite (également très prisée en Égypte ancienne), semblables à ceux que leurs ancêtres utilisaient, il y a des milliers d'années.

En Afrique, les couleurs importantes sont le noir, le rouge et le blanc. Le noir, comme on s'en doute, est la couleur de la nuit, de la mort, des excréments et de la maladie, tandis que le blanc représente la lumière du jour, la vie, la nourriture et la santé. Le rouge indique une transformation. Par exemple, le rouge de l'aurore reflète une évolution vers la santé, tandis que le rouge du crépuscule évoque le déclin vers la maladie. Cependant, pour les Masaï, le noir est une couleur très importante qui possède de nombreux aspects positifs. Par exemple, elle symbolise la couleur des nuages annonciateurs d'orages, si attendus pendant la saison sèche.

Ce qui s'applique aux peuples d'Afrique s'applique également à d'autres cultures européennes, asiatiques ou américaines. L'une des premières couleurs qui a dû frapper l'imagination de l'homme est le rouge, la couleur du feu et du sang. Ce dernier était source de pouvoir mystérieux, de force vive irremplaçable et mystique, véritable flux de l'existence. Il ne pouvait y avoir plus belle offrande de l'homme à ses dieux que le sacrifice de son sang ou, de préférence, du sang de quelqu'un d'autre. Nous, qui nous considérons comme civilisés, pouvons difficilement imaginer l'impact d'une telle cérémonie sur un groupe d'individus dont la vie était constituée de croyances aussi primitives, bien que l'on puisse affirmer que les sacrifices humains se poursuivent encore aujourd'hui dans certaines parties du monde. Nous en possédons même l'équivalent moderne sous la forme de l'hécatombe des accidents de la route. Quant au feu, son association avec la chaleur et le soleil, sa protection si essentielle, son pouvoir destructeur et son mystère, en ont fait l'un des symboles sacrés les plus puissants.

Le noir, avec les associations d'idées négatives qu'il provoque, devait également être une couleur très spéciale, évocatrice de toutes les forces terrifiantes, invisibles et obscures de la nature et de l'inconnu dont l'homme primitif devait se protéger. Son opposé, le blanc, symbolisait des qualités positives, frivoles et gaies rendant la vie digne d'être vécue. Nous pouvons sans grand effort d'imagination rattacher le jaune au soleil ou à une autre forme de vie. Il est probable que d'autres couleurs ont été peu à peu obtenues des minéraux, des graines, des plantes et des insectes. Le lapis-lazuli, la turquoise et plusieurs autres pierres précieuses ont sans doute inspiré la palette des peintres. Aussi, lorsque les premières civilisations sont apparues, existait-il une gamme étendue de matériaux disponibles pour peindre ou pour embellir le corps humain. Par ses qualités magiques et protectrices, la couleur était absolument essentielle. Elle éloignait les mauvais esprits et encourageait les bons à aider et à protéger les humains. Les chamanes, ou prêtres de la tribu, avaient probablement la charge des peintures rupestres et c'était eux, sans aucun doute, qui choisissaient les pigments et les couleurs que devaient utiliser leurs ouailles. Le chamanisme est la plus ancienne religion connue sur terre. Il est certainement le précurseur de tous les cultes postérieurs, car il prend sa source dans le subconscient le plus profond de l'homme, dans ses croyances et sentiments les plus primitifs. Les premiers hommes, de même que la plupart des peuples proches de la nature, étaient très sensibles à leur environnement naturel, ce qui les conduisait à percevoir dans leurs rêves et leurs visions les "dieux" et les diverses couleurs auxquelles ils les associaient. D'aucuns prétendent que plusieurs peintures rupestres découvertes en Afrique représentent des "cosmonautes", mais il serait bien plus réaliste de considérer ces étranges silhouettes à la tête encerclée d'un "globe" et tenant dans leurs mains des instruments de cérémonie comme surgies du monde des rêves, comme des phénomènes qui se manifestent avec une remarquable unité aux divers "voyants" indigènes des quatre coins du monde, comme des archétypes de la vie antérieure de l'être humain et des grands principes de vie qui régissent l'univers.

Richard Bucke, auteur de *Cosmic Consciousness*, un classique qui vaut la peine d'être lu pour de nombreuses raisons, a avancé une intéressante théorie sur l'évolution de la perception des couleurs chez l'homme. Il compare le développement de l'être humain depuis l'enfance à l'évolution progressive depuis la préhistoire. Chez l'enfant, explique-t-il, la mémoire apparaît quelques jours après la naissance. Au bout de quelques semaines, une prise de conscience et une curiosité très simples se développent. Quelques années plus tard, l'enfant commence à utiliser des outils, à prendre conscience de lui-même, puis des couleurs et des parfums. Cette évolution fluctue en fonction de chaque enfant, il est probable qu'elle varie également en fonction de chaque race.

Le Dr Bucke cite Lazarus Geiger, chercheur du siècle dernier, qui avait montré par une étude du langage qu'il était possible de prouver que très tard au cours de l'antique civilisation aryenne, soit il y a seulement 15 000 ou 20 000 ans, l'homme n'était encore conscient que d'une seule couleur. Il ne pouvait distinguer le bleu du ciel du vert des arbres et de l'herbe ou du brun et du gris de la terre. Toutes ces couleurs étaient réunies sous le terme "noir". Adolphe Pictet (1877), un autre chercheur, déclara n'avoir découvert aucun nom de couleur dans la langue primitive indo-européenne. Max Mueller (1887), spécialiste en linguistique, ne découvrit aucune racine sanscrite dont le sens pouvait se rapporter à une couleur.

À une époque plus tardive, celle de la rédaction du *Rig-Veda* (premiers écrits en sanscrit), le rouge, le jaune et le noir étaient reconnus comme trois couleurs distinctes. Un peu plus tard, on ajouta à la liste le blanc, puis le vert. Cependant, affirme le Dr Bucke, le lecteur recherche en vain dans le *Rig-Veda*, le *Zend-Avesta*, les poèmes homériques et leur mer "couleur de vin" [1], ni dans la Bible une mention de la couleur du ciel. Il en conclut donc que le bleu n'était pas une couleur reconnue. Pourtant, bien qu'il s'agisse d'une théorie intéressante, elle n'est pas totalement convaincante. Par exemple, dans la Bible, le bleu est mentionné à plusieurs reprises. Ézéchiel (23-6) parle de "cavaliers vêtus de bleu, gouverneurs et préfets" et de "bleu et pourpre des îles d'Elishah".

Sans oublier le manteau multicolore de Joseph, les offrandes sont décrites ainsi dans l'Exode (25-4): "or, argent et bronze,laines de couleur rouge, bleue ou écarlate." Le livre d'Esther mentionne (1-6) des "tentures de toile blanche et de laine bleue attachées par des cordons de lin et de pourpre écarlate". Ézéchiel compare Dieu à un arc-en-ciel (1-28): "Ce feu s'irradie comme l'arc-en-ciel un jour de pluie dans la nuée." À une autre occasion (1-26), il aperçoit "comme une pierre de saphir en forme de trône" sur laquelle se tient Dieu. Par conséquent, il ne semble pas judicieux de conclure qu'aux temps bibliques les humains étaient incapables de percevoir ou de décrire la couleur bleue. Le vert est également mentionné à de nombreuses reprises: "les verts pâturages" du Psaume 21-2, les "vertes herbes" de la Genèse. Quant à Jacob, il "apporta des branches de peuplier verts". La plupart des autres couleurs font également l'objet de fréquentes allusions.

Cependant, il demeure indubitable que le rouge, le noir, le blanc et le jaune furent les premières couleurs perçues. Lorsque le Dr Leonard Woolley exhuma la ziggourat d'Ur, l'une des plus vieilles constructions du monde, il découvrit qu'elle avait été bâtie en quatre étapes, la première partie ayant été noire et la dernière rouge. Poursuivant l'exposition de sa théorie, Richard Bucke déclare que le mot "bleu", dont l'équivalent anglais est "blue" et l'équivalent allemand "blau", serait dérivé d'un mot qui signifie "noir". En outre, il explique que le mot chinois "hi-u-an", qui signifie "ciel bleu" aujourd'hui, possédait autrefois le sens de "noir". Le mot "nil" qui, en persan et en arabe signifie "bleu", est également le nom d'un fleuve, le Nil, dont le nom signifiait la "rivière noire". "Nil" est également à la racine du mot latin "Niger". Richard Bucke estime que sous le vocable "rouge", on accueillait le blanc, le jaune et toutes les teintes intermédiaires. Tandis que "noir" englobait toutes les nuances de bleu et de vert.

L'énergie des ondes lumineuses décroît à un rythme rapide au fur et à mesure que nous passons de l'extrémité rouge à l'extrémité violette du spectre. Si, comme le suggère le Dr Bucke, l'oeil a évolué en fonction de la capacité des ondes lumineuses de stimuler la vue, il semble normal que le rouge, dont le rayonnement énergétique est plusieurs milliers de fois supérieur au rayonnement du bleu et du violet, ait été la première couleur perçue, suivie du jaune, du vert et ainsi de suite, jusqu'au violet. Il cite plusieurs études entreprises pour établir la fréquence du daltonisme. Apparemment, 4 pour 100 des Européens et 0,25 pour 100 des Européennes en seraient atteints. Chez les Chinois de sexe masculin, cette fréquence se situe à 3 pour 100. En revanche, chez les Japonais, le daltonisme devient beaucoup plus rare et on peut en conclure, à tort ou à raison, que leur perception de la couleur s'est développée à une époque très antérieure. Il est indéniable que les Japonais sont aux premiers rangs des peuples dotés d'un sens artistique profond et d'une perception aiguë de la beauté des couleurs.

Selon Richard Bucke, le daltonisme serait un phénomène d'origine peut-être atavique et quelque peu anachronique. Il est intéressant de songer que, dans un avenir encore lointain, l'être humain sera peut-être capable de percevoir une gamme de couleurs particulièrement étendue, semblable à celle que perçoit l'abeille.

Une fois que les grandes civilisations eurent commencé à s'épanouir, on fit un usage généreux de la couleur et de ses qualités magiques. Je me plais à penser qu'à cette époque, sinon auparavant, l'homo sapiens possédait déjà un sens de la beauté qui lui permettait de considérer la couleur autrement que comme une nécessité pratique. D'après l'archéologie traditionnelle, les Mésopotamiens (ou Chaldéens) représentent peut-être la première "civilisation" qui a laissé de véritables vestiges, car ils habitaient des villes et menaient une existence très structurée. Selon la tradition, les Chaldéens n'étaient autres que les anciens mages, magiciens et astrologues accomplis, qui vouaient leurs temples aux dieux planétaires. James Fergusson, dans son *History of Architecture in All Countries* (1893), nous explique qu'ils décoraient les temples des couleurs correspondant aux dieux qu'ils y accueillaient. Hérodote mentionne ce qui semble avoir été le grand temple de Nabuchodonosor à Barsippa, dont la base mesurait près de 82 m^2. Il fut construit en sept étapes, chaque partie s'éloignant d'un point central. On découvrit que ce temple avait été consacré aux sept planètes et décoré des couleurs de chacune d'elles. Par conséquent, la partie la plus basse était noire, la couleur de Saturne, la suivante était orange (Jupiter), la troisième rouge (Mars), la quatrième jaune (le Soleil), et la cinquième et la sixième respectivement verte et bleue (Vénus et Mercure). La plus élevée était sans doute blanche puisqu'elle était dédiée à la Lune dont la place au sens du système astrologique chaldéen était extrêmement importante. Les astrologues d'aujourd'hui sont quelque peu en désaccord sur les couleurs planétaires, comme nous le verrons plus loin.

Vinrent ensuite les Égyptiens. Leurs temples, leurs tombeaux et probablement leurs demeures étaient décorés à l'intérieur et à l'extérieur de couleurs vives: rouge, noir, jaune, vert, bleu et pourpre. Le mot "couleur" était synonyme de "substance"[2]. Si l'on disait d'un dieu qu'il était impossible de connaître sa couleur, cela signifiait qu'il était impossible de connaître son essence, sa matière. On attribuait des qualités émotives aux couleurs, le rouge étant par conséquent une couleur agressive, suggérant le danger mais aussi porteuse de vie. Il était en général placé à proximité du bleu qui était une couleur douce, coulant lentement vers l'infini. Les dieux et déesses avaient leurs couleurs favorites qui traduisaient leurs diverses qualités. Osiris, par exemple, était parfois surnommé "le dieu vert". Il était souvent peint de cette couleur en raison de ses liens avec la fécondité, la résurrection et la mort. Il portait aussi le surnom de "dieu noir", sans doute parce qu'il était le représentant du monde des ténèbres. Comme ce fut le cas des civilisations antérieures, les Égyptiens associaient le noir à la mort et aux enfers mais aussi à la renaissance et à la résurrection. Le pain, confectionné à partir de céréale blanche et la bière, à partir de céréale rouge, étaient les denrées que l'on emportait dans l'au-delà. Dans d'autres cas, ces deux couleurs devenaient antagoniques. Par exemple, l'hippopotame "rouge" (le mâle) et l'hippopotame "blanc" (la femelle) étaient considérés respectivement comme hostile et bénéfique. Les Égyptiens ne décoraient pas seulement les bâtiments et les sculptures mais aussi leur personne, à l'aide de produits de beauté et de bijoux dont les couleurs correspondaient à chaque cérémonie particulière, un peu comme les hindous actuels éparpillent autour d'eux diverses substances colorées, jaunes et rouges notamment, pendant les fêtes religieuses. Bien que l'art égyptien soit demeuré stylisé pendant la plus grande partie des millénaires que dura cette civilisation, les périodes d'instabilité que connut le pays mirent certaines activités artistiques en veilleuse. Cependant, l'Égypte nous a légué quelques principes fondamentaux qui influent encore aujourd'hui sur notre civilisation et, notamment, sur notre utilisation de la couleur. L'exemple le plus frappant est peut-être celui des habits de cérémonie religieuse qui sont fréquemment de couleur écarlate. Le rouge symbolisait souvent la vie et la victoire, tandis que le rouge et blanc côte à côte (par exemple sur le drapeau anglais de saint Georges) exprimaient l'intégrité et la perfection. La couronne blanche de Haute-Égypte et la couronne rouge de Basse-Égypte étaient portées ensemble par le souverain pour symboliser l'équilibre et l'unité du pays.

Parfois le rouge revêtait un aspect plus négatif car c'était aussi la couleur de Seth, dieu du désert et des typhons, la force destructrice de la mythologie égyptienne. On croyait que Seth avait les yeux et les cheveux rouges (la couleur du désert) et, par conséquent, une personne "au coeur rouge" était une personne en colère. "Rougir" pouvait être synonyme de "mourir". Il existait aux enfers un lac rouge et brûlant dans lequel les damnés subissaient leur châtiment. Cette notion ne nous est-elle pas familière? Faire quelque chose de "rouge" signifiait "faire le mal", tandis que faire quelque chose de "vert" signifiait exactement le contraire.

Le blanc devint le symbole de la toute-puissance terrestre, des choses sacrées. C'était la couleur de la pureté et de la sainteté. Une personne de tempérament gai était une "personne blanche", car c'était aussi la couleur de la joie. La couleur or symbolisait le soleil et ses divers attributs. C'était donc la couleur idéale pour le dieu Rê. Quant à Amon, il était bleu en raison de ses liens cosmiques.

Il est probable que les décorations des temples grecs et égyptiens paraîtraient plutôt criardes à nos yeux habitués au beige doré si doux des ruines dont nous avons hérité. Cependant, de nombreux exemples de décorations égyptiennes sont encore visibles et il n'est nul besoin d'un effort excessif d'imagination pour transposer les couleurs sur les temples grecs et romains des époques postérieures. Comme en Égypte, les statues de marbre devaient être très colorées. Les lèvres étaient peintes en rouge, les yeux en jaune, vert et bleu, les cils étaient fréquemment reproduits. Les statues dont les yeux de pierres précieuses étincelaient dans l'obscurité comme les prunelles d'un chat, produisaient un effet particulièrement terrifiant. Certains d'entre nous frissonneront en imaginant un Parthénon dont les corniches, frises et colonnes étaient "embellies" de rouge, de bleu, de jaune, d'or et de noir. Naturellement, les Romains suivirent l'exemple des Grecs, les dieux déterminant le choix des couleurs. La couleur pourpre ou magenta était réservée à l'empereur qui personnifiait Jupiter. La pluie de cendre volcanique, qui fit le malheur des habitants de Pompéi et d'Herculanum, fait aujourd'hui l'émerveillement de ceux qui peuvent admirer les oeuvres artistiques de l'époque. De même, en Crète, dans le palais de Minos qui est antérieur aux années 1600 avant Jésus-Christ, on a pu restaurer les peintures murales originales dont le rouge, le jaune, le bleu, le marron et le noir forment les couleurs dominantes.

Les Chinois accordaient également une importance particulière à la couleur. D'ailleurs, leurs diverses dynasties étaient représentées par des couleurs: brune pour le Soleil, verte pour les Ming, jaune pour les Ch'ing. Naturellement, l'empereur portait du bleu lorsqu'il adorait les divinités des cieux et du jaune lorsque venait le tour des divinités terrestres. Les Chinois percevaient cinq couleurs primaires: le rouge, le jaune, le noir, le blanc et le vert, qui correspondaient aux cinq éléments (le feu, le métal, le bois, la terre et l'eau), aux cinq bonheurs, aux cinq vertus, aux cinq vices et aux cinq principes de foi. La découverte subséquente du jade, aux nuances si variées et si délicates, eut certainement pour conséquence d'accroître encore leur sens de la couleur. Il nous semble aujourd'hui que nous sommes les premiers à nous péoccuper de la beauté de la nature et de la valeur des animaux sauvages, mais il suffit de regarder les dessins si précis et si expressifs d'animaux, oiseaux et autres créatures qui nous restent de ces civilisations antérieures pour comprendre que même si ces artistes reproduisaient la nature d'un oeil réaliste, ils peignaient, si j'ose dire, du fond du coeur.

En Chine, comme dans la plupart des autres civilisations, le rouge était considéré comme l'essence positive, masculine, tandis que le jaune était une couleur terrestre et féminine. Les édifices étaient souvent peints en rouge, couleur qui symbolisait le sud, le soleil et le bonheur, tandis que les toits jaunes représentaient la terre. Lorsqu'on construisait une maison, on tirait des pétards rouges et on suspendait un morceau de tissu rouge pour y attirer le bonheur et le bien-être. Des branches de pin étaient placées au sommet de l'échafaud pour tromper les mauvais esprits vagabonds en leur faisant croire qu'ils survolaient une forêt. Le rouge et le jaune sont également les teintes dominantes des costumes réservés aux mariés en Orient, en Égypte, en Russie et dans les Balkans. Il n'est donc pas surprenant que, en Chine, le rouge soit considéré comme la couleur de la chance, symbolisant le soleil et le phénix. L'orange évoque l'amour et le bonheur, tandis que le bleu symbolise le Dragon Azur de l'est, les cieux, les nuages et le printemps.

Il serait fastidieux d'énumérer l'usage que chaque civilisation a fait de chaque couleur depuis les premiers âges, mais l'examen des corrélations qui existent entre des endroits de la planète géographiquement éloignés les uns des autres se révélerait sans doute intéressant. Le rouge est quasi universellement considéré comme la couleur la plus positive, la plus créatrice, la couleur porteuse de vie. Cependant elle possède, nous l'avons vu, son côté négatif. Dans la mythologie celte, le rouge symbolise la catastrophe. Pour les chrétiens, le rouge représente le martyr, la cruauté et le fanatisme.

Le noir est associé aux ténèbres et à tout ce qui est négatif. Il se rapporte également au Temps et on l'associe au côté sombre de la Déesse Mère, en particulier à Kâli, dont le nom est dérivé de Kala, "le temps", ainsi qu'aux vierges noires. Le noir et le bleu nuit sont les couleurs du chaos, des nuages orageux. Au sein de la tradition chrétienne, il symbolise le Prince des ténèbres, l'enfer, la mort, de même que l'obscurantisme spirituel, l'inconscient. Cependant, dans la tradition hébraïque et kabbaliste, il symbolise la pitié et la compassion. On peut dire toutefois que les cultures s'accordent quasi unanimement à considérer le noir comme une couleur négative et terrifiante.

Évidemment, le blanc représente en général l'inverse. Tout en étant à la fois associé à la vie et à la mort, il symbolise habituellement la pureté et l'innocence. C'est une couleur sacrée. Utilisé par les Chinois et, dans une certaine mesure, par les Romains pour représenter le deuil, il est associé à l'autorité spirituelle. Les bouddhistes le considèrent comme la couleur de la maîtrise de soi tandis que les anciens Égyptiens, qui se vêtaient volontiers de blanc et de vert, estimaient que l'alliance de ces deux couleurs symbolisait la joie. Le blanc et, bien entendu, l'argent symbolisent la Lune ainsi que le côté inconscient et féminin de l'être.

Le jaune est presque toujours associé au Soleil, de même que l'or. Il symbolise la puissance divine, l'illumination et l'immortalité. Au sein de la religion hindoue, le doré représente la vie, la vérité, la lumière, l'immortalité et la semence. Il symbolise aussi le signe d'Agni, le dieu hindou du feu. Les bouddhistes le considèrent comme la couleur de la renonciation, de l'absence de désirs et de l'humilité et portent des robes de couleur ocre orangé. On croit qu'ils les ont adoptées parce qu'elles étaient à l'origine portées par les criminels et les parias. C'est une couleur qui a cependant des connotations essentiellement heureuses: le soleil, la clarté, la lumière, la vie. Bien entendu, à l'instar de ses soeurs, elle a son côté négatif et le jaune foncé peut symboliser la traîtrise, la duperie et la trahison.

Vient ensuite le bleu, son lien avec le ciel et l'eau. La plupart des cultures le rattachent à la vérité, la révélation et la sagesse, la loyauté, la fécondité, la constance et la chasteté. le bleu est la couleur des grands fonds, du principe féminin, de la Déesse Mère. En Occident, le manteau bleu de la Vierge est un symbole réconfortant et protecteur, évocateur de paix, de compassion et de guérison. C'est probablement de là que vient le dicton *something borrowed, something blue** adressé à la jeune mariée. le bleu est une couleur dans laquelle nous aimerions nous laisser sombrer et la plupart des anciens seraient certainement d'accord sur ce point. C'est la couleur de l'infini, de la paix, de la sagesse de Dharma-Dhatu dans la pensée bouddhiste. Au sein de la mythologie celte, le bleu était associé au barde ou au poète. Les hindous en coloraient le manteau d'Inra, le dieu de la guerre et de la fécondité. Pour la kabbale, c'est la couleur de la pitié. Tout le monde semble vénérer le bleu bien qu'il puisse parfois symboliser la froideur et l'éloignement.

Vient ensuite le vert, que l'on associe à la nature, au cycle de la vie et de la mort. Dans l'idéologie bouddhiste, le vert printanier symbolise tout ce qui est en rapport avec la vie tandis que le vert pâle évoque la mort. Dans la pensée chrétienne, le vert printanier est également associé à l'immortalité, l'espoir et la naissance de l'Esprit-Saint. N'oublions pas non plus la résurrection annuelle du printemps après l'hiver. Il est possible que l'aspect le plus curieux du vert soit celui de la transformation de la vie et de la mort, de l'abondance d'une part et du manque de maturité, voire de la pourriture, d'autre part. Le vert possède des qualités adoucissantes et harmonisantes qui neutralisent l'agressivité et l'énergie évoquées par le rouge. Pour la kabbale, le vert représente la victoire et il est également la couleur sacrée de l'islam. En revanche, en Occident, il est parfois bizarrement considéré comme malchanceux, peut-être en raison de son rapport avec les "petits bonshommes verts" qui risquent d'être outragés de voir des humains porter leur couleur. Il est également possible que l'Église ait froncé les sourcils devant ce symbole de fécondité, n'étant que trop consciente de l'appel de Pan, qui corrompt notre âme, réduisant à néant nos chances de rédemption!

Le brun, couleur de la Terre, est l'une des plus anciennes couleurs. Il ne semble pas avoir été particulièrement sacré. Il peut

---

* Littéralement: "Quelque chose d'emprunté, quelque chose de bleu."(*N.D.T.*)

évoquer la mort et la négation de la personnalité. Porté, de même que le noir, par certains ordres religieux, il symbolise alors la pénitence et la renonciation aux choses de ce monde.

Le violet et le pourpre ne sont sans doute arrivés que postérieurement et il est incontestable que la découverte du murex a permis à l'économie phénicienne d'enregistrer un spectaculaire bond en avant. C'est du murex que les Phéniciens extrayaient la teinture qui constituait la "pourpre tyrrhénienne", si prisée par les souverains et les prêtres. Les Aztèques et les Incas considéraient le pourpre comme la couleur de la majesté et de la souveraineté tandis qu'en Occident, c'était la couleur de Jupiter et de la dévotion religieuse. Elle semble presque toujours associée aux valeurs spirituelles et réservée à certains personnages privilégiés. Aujourd'hui, elle est encore portée à des occasions spéciales, étant une couleur plutôt "lourde", difficile à mettre en valeur, à moins de posséder une forte personnalité ou de ne la porter qu'à des moments solennels. Les nuances plus claires de violet et de mauve ont parfois des connotations spirituelles.

Les couleurs dont nous venons de parler étaient très en vogue autrefois mais, bien entendu, l'orange, le gris, le rose et toutes leurs nuances avaient leur signification. L'or et l'argent évoquaient inévitablement le soleil et la lune, le premier de ces astres étant chaud et somptueux et l'autre, frais et délicat. Pour les kabbalistes, le gris représentait la sagesse et l'orange la splendeur. De nombreux peuples de l'Antiquité attribuaient des couleurs précises aux points cardinaux mais elles varient d'un endroit à l'autre, selon qu'il s'agit de la vieille civilisation irlandaise, par exemple, de la civilisation maya ou amérindienne. Comme on peut le voir sur les peintures navajos du désert de l'Arizona, le blanc représente l'énergie cosmique universelle tandis que le noir symbolise le vide infini d'où toutes choses sont nées. Le rouge évoque la vie et l'énergie; le jaune, le soleil. Quant au bleu, c'est la couleur de la spiritualité.

C'est à partir de ces âges reculés que la perception artistique de la couleur est née, donnant naissance à des oeuvres d'une splendeur rarement égalée depuis. Les Byzantins exprimaient toute la somptuosité de leur civilisation par une débauche de couleurs riches et brillantes auxquelles on peut toutefois préférer la sobriété des époques antérieures. Vient ensuite la Renaissance, dont la peinture et la sculpture illuminèrent le Moyen Âge, comme si, après une période de ténèbres, tous les cierges du monde étaient soudain allumés. De nombreux secrets ont été perdus car les peintres, les souffleurs de verre et les artistes de vitrail gardaient si jalousement leurs recettes que personne n'était capable de les imiter. Un avocat, Charles Winston (1847), parvint à redécouvrir certains des éléments médiévaux du verre coloré[3]. En collaboration avec le Dr Medlock, du Royal College of Chemistry, il découvrit par exemple que le bleu le plus beau n'était pas obtenu à partir du lapis-lazuli, comme on le croyait alors, mais du cobalt. Des experts kazakhs (en U.R.S.S.) ont récemment redécouvert la formule du vernis utilisé pour décorer les monuments médiévaux, après avoir étudié les oeuvres polychromes de l'artiste du quatorzième siècle, Ahmad Yasavi. Ils ont prouvé que les anciens peintres de fresques murales utilisaient du sable et de l'argile comme matériaux de base, mélangés à d'autres éléments obtenus des cendres de racine de "sarychob".

En Angleterre, le vitrail doit une large part de sa merveilleuse luminosité aux diverses méthodes appliquées par des générations d'artistes mais aussi au climat et à la lumière grisâtre des Îles britanniques qui font ressortir le verre coloré d'une manière bien plus frappante que ne le ferait le soleil éclatant de la Méditerranée et de l'Extrême-Orient. Le vitrail a revêtu une grande importance dès le début de la vie monastique. Theophilius, moine allemand qui écrivit au cours de la première moitié du douzième siècle un traité intitulé *Sur les divers arts*, fournit des détails considérables sur la fabrication des fenêtres tout en demeurant étrangement peu loquace sur les méthodes de coloration du verre à l'aide du cuivre, du plomb et du sel. Il s'agit probablement de l'une de ces recettes si jalousement gardées. June Osborne, auteur de *Stained Glass in England*, écrit qu'"en termes religieux, la lumière était un symbole d'importance vitale, exprimant la qualité de l'esprit". Le vitrail, beaucoup plus coûteux que le verre ordinaire pouvait "servir à donner aux fidèles assemblés un sentiment de mystère tout en remplissant la fonction de glorifier Dieu. Tel un enquêteur intelligent, poursuit Theophilius, j'ai fort travaillé pour m'informer, par tous les moyens, sur l'invention de l'art qui permet à la couleur d'embellir un édifice sans faire obstacle à la lumière du jour ou aux rayons du soleil." Des exemples de vitraux ont été retrouvés dans des monastères saxons des septième et huitième siècles et la gamme de couleurs demeure remarquable compte tenu du nombre probablement limité de matériaux disponibles. Parmi les couleurs, on remarque plusieurs nuances de rouge, turquoise, émeraude, vert Nil, quatre nuances différentes de jaune, violet, un mauve très pâle ainsi qu'un échantillon de verre blanc rayé de pourpre. Francis Wilson Oliphant (1855), peintre verrier entre autres spécialités, déclara qu'"il n'y a rien comme le verre pour diffuser la couleur. Nul type de peinture ne peut égaler la peinture sur verre. Celui-ci est un matériau lumineux, fait de grains captant la lumière comme les facettes d'un diamant."

Nombreux sont les grands peintres qui se sont efforcés de reproduire cette luminosité, notamment dans les scènes religieuses et, là encore, on sait qu'il existait beaucoup de recettes secrètes dont certaines ont été perdues et d'autres retrouvées. Les objets fabriqués en matériau vitrifié possèdent également cette luminosité. Sans aucun doute, il existe une qualité inhérente à la nature de l'être humain qui exige qu'on lui rappelle, comme je l'ai mentionné dans l'introduction, la présence de réalités autres que celles de tous les jours. Socrate, dans son *Phédon*, déclare, en décrivant la "terre véritable", que "les couleurs que nous connaissons ne sont que de piètres échantillons, tels que la peinture qu'utilisent les artistes. Mais, là-bas, la terre entière est faite de ces couleurs ainsi que d'autres, bien plus brillantes et bien plus pures... Même ces simples creux dans la terre emplis d'air et d'eau revêtent une couleur tandis qu'ils luisent parmi les diverses teintes qui les entourent, de sorte que l'oeil n'aperçoit qu'une surface multicolore continue." Les pierres précieuses possèdent aussi cette étrange luminescence, ce feu caché dans leurs profondeurs qui nous rappelle, sans les préciser, des souvenirs depuis longtemps oubliés. La littérature antique est truffée d'allusions telles que "à l'apparence du saphir" ou "était couleur d'ambre" ou "un arc-en-ciel autour du trône, ressemblant à une émeraude" (Révélations). La description de la Nouvelle Jérusalem fait état de murs de jaspe, garnis de toutes sortes de pierres précieuses. Et qui n'a pas entendu parler des Portes de Perle!

Joseph, l'historien juif du premier siècle avant Jésus-Christ, associe le blanc à la terre, le rouge au feu, le pourpre à l'eau et le jaune à l'air. Cependant, quinze siècles plus tard, Léonard de Vinci déclarait que "le blanc est représentatif de la lumière, sans laquelle nulle couleur ne pourrait être perçue. Le jaune représente la terre, le vert: l'eau, le bleu: l'air, le rouge: le feu et le noir: l'obscurité totale." Certaines de ces couleurs sont encore incorporées à la tradition astrologique. Par exemple, on associe le jaune à Mercure et aux choses de l'intellect, le rouge est associé à Mars, au feu, à l'énergie et à l'air.

Par conséquent, les modes et les préférences tendent à évoluer. Au cours d'une époque, ce sont les nobles, les guerriers, les bourgeois et les paysans qui portent des couleurs distinctives, comme ce fut le cas au sein des premières cultures aryennes. À d'autres moments, certaines couleurs sont plutôt l'attribut de métiers et de professions, comme c'est aujourd'hui le cas de la magistrature, de la religion et des forces armées. Dans les universités, chaque faculté a sa couleur tandis que les écoliers portent les couleurs de leur équipe. D'ailleurs, dans de nombreux sports, les couleurs sont extrêmement importantes, non seulement pour que les joueurs puissent distinguer leurs coéquipiers de leurs adversaires, mais aussi pour que les spectateurs puissent les identifier. De par le monde, des couleurs symboliques ont été tissées dans des tapisseries, réunies pour former de colifichets, peintes sur des icônes, des murs, des objets de poterie ou de pierre, des ouvrages damasquinés, des vitraux, des récipients de verre, des bijoux, non seulement à des fins de décoration ou d'esthétique mais aussi avec l'intention d'attirer des forces protectrices ou compatissantes, ou, tout simplement, pour la plus grande gloire de Dieu.

Revenons momentanément aux Chaldéens. Leurs traditions ont indubitablement influencé les générations postérieures, jusqu'à nous, notamment les traditions relatives à la magie et à l'astrologie. Pour les kabbalistes, la couleur est un élément essentiel qui permet de "planter le décor" propice aux séances de magie. Au sein d'autres traditions ésotériques de l'Occident, on attribue un rôle vital à la couleur, comme l'enseigne par exemple l'ordre "Golden Dawn", duquel sont issus de nombreux mouvements semblables ou dissidents. Par exemple, si l'on désire conjurer la puissance du dieu Soleil, qu'on le nomme Apollon, Rê ou autrement, le jaune et le doré doivent être les couleurs dominantes. La nappe d'autel, les fleurs, les instruments rituels, les vêtements et les ornements doivent tous reprendre le thème du jaune et du doré. De même, lorsqu'on désire invoquer la Lune, l'argenté, le blanc parsemé peut-être de touches de vert et de violet, s'imposent. Tous les dieux planétaires possèdent leurs couleurs traditionnelles, bien que celles-ci varient selon les traditions ésotériques ou astrologiques. Dans l'ensemble, on regroupe les couleurs comme suit:

Le Soleil: doré ou jaune vif. Son signe astrologique, le Lion, préfère le rouge, le doré ou parfois le jaune-vert.

La Lune: ses couleurs favorites sont l'argenté, le blanc et le vert émeraude. Les couleurs de son signe, le Cancer, sont en général le vert foncé et le gris fumé.

Mars: le rouge est, bien entendu, la couleur de Mars, qu'il soit carmin ou écarlate. Toutes les nuances dérivées sont applicables. Son signe, le Bélier, adopte le blanc et le rouge. L'ancienne enseigne cylindrique des barbiers-chirurgiens — profession "martienne" s'il en fût — était rayée rouge et blanc. Il ne s'agit peut-être pas seulement d'une allusion au sang et aux pansements. Mars est le souverain du Scorpion qui semble avoir une prédilection pour les rouges les plus foncés.

Vénus: cette planète régit deux signes astrologiques, le Taureau et la Balance. Tous trois partagent les bleus, les bleu-vert et le turquoise.

Mercure: souverain quelque peu versatile de deux signes, on l'associe généralement au jaune ou à l'orange bien que d'aucuns y ajoutent le crème et le mauve lilas. Les Gémeaux et la Vierge, ses sujets, partagent les mêmes couleurs.

Jupiter: la planète royale a, bien entendu, une affinité avec le pourpre, sans toutefois mépriser le violet et les rouges plus roux. Le Sagittaire, son sujet, accorde sa faveur aux mêmes couleurs.

Saturne: souverain du Capricorne, signe notoirement sobre, il préfère le vert olive et le gris. Les verts foncés et le noir lui plaisent aussi.

Uranus: Uranus et le Verseau, deux régions quelque peu fantasques du Zodiaque, sont adeptes du bleu électrique, des verts pâles et des jaune citron, ainsi que de toutes les couleurs claires en général.

Neptune: la planète mystique, qui règne sur les Poissons, a reçu plusieurs couleurs: le bleu foncé, l'indigo, le gris, le vert. Toutes sont cependant atténuées. Certaines traditions ajoutent le rose ou le corail à la liste.

Pluton: c'est l'énigme à laquelle on n'a encore affecté aucune région du Zodiaque. Par conséquent, les spécialistes sont encore indécis à son sujet. On a suggéré le jaune, le vert pâle et le bleu marine. En l'occurrence, vous devrez vous laisser guider par votre intuition.

La Terre: notre planète est souvent associée au bleu lavande ou au blanc.

Si vous désirez établir vos propres rituels astrologiques, vous pouvez vous referér non seulement aux nombreux ouvrages qui fournissent des principes de base à cet égard mais aussi tirer profit de votre intuition. Après avoir étudié les caractéristiques du "dieu" ou du "principe cosmique" que vous désirez invoquer, établissez votre propre liste de couleurs en fonction du rituel qui vous attire le plus, du point de vue intellectuel et esthétique et qui "sonne juste". Vous trouverez peut-être des idées utiles dans les chapitres suivants.

Sources

1. Il existe une controverse à propos de l'expression "mer couleur de vin". Toutefois, deux scientifiques canadiens affirment que la clé de l'énigme n'est autre que l'eau grecque qui, fortement alcaline, a tendance à donner au vin grec auquel on la mélange une teinte bleutée. À l'époque d'Homère, il était courant de diluer le vin avec de l'eau.
2. Lurker, Manfred. *Gods and Symbols of Ancient Egypt*, Thames & Hudson, 1980.
3. Osborne, June. *Stained Glass in England*, Frederick Muller Ltd., Londres, 1981.

Autres lectures

Bucke, Richard Maurice. *Cosmic Consciousness*, University Books Inc., 1961.

Cooper, J.C. *An Illustrated Encyclopedia of Traditional Symbols*, Thames & Hudson, Londres, 1978.

Watson, Lyall, *Lightning Bird*, Coronet Books, 1982.

Wilson, Colin. *Access to Inner Worlds*, Rider, 1983.

Chapitre 2

La couleur aujourd'hui

La couleur objective et la science

Nous devenons visuellement conscients de la couleur de deux manières. Nous percevons d'abord un objet coloré grâce à la lumière qu'il reflète, puis nous percevons de la lumière colorée qui s'échappe d'une matière translucide, telle qu'un vitrail, ou lorsqu'un rayon de soleil traverse un prisme, décomposant la lumière blanche en sept couleurs, soit le rouge, l'orange, le jaune, le vert, le bleu, l'indigo et le violet de l'arc-en-ciel. On ne put expliquer la présence des couleurs de l'arc-en-ciel qu'en 1672, quand Isaac Newton décrivit ses observations du passage d'un rayon de soleil au travers d'un prisme de verre. Aujourd'hui, nous savons que la lumière visible n'est qu'une partie infime du vaste spectre des ondes hertziennes qui varient en longueur et en vitesse. Par exemple, dans le cas de la lumière visible, les ondes émises par les rayons rouges sont les plus lentes et les plus longues, tandis que les plus courtes et les plus rapides sont émises par les rayons bleus.

Avant d'entrer dans le vif du sujet des ondes hertziennes, il n'est pas inutile de revoir brièvement le mécanisme de la perception des couleurs. Sans nous perdre en détails, rappelons que l'oeil interprète les rayons lumineux (l'énergie électromagnétique) sous forme de couleurs grâce à une interaction des nerfs optiques et du cerveau, par le biais d'un système de cônes et de bâtonnets qui se trouvent dans la rétine. Il existe, semble-t-il, environ 1 000 teintes perceptibles par l'oeil humain et plus de 2 000 tons et nuances. Chez les daltoniens, cette gamme est sérieusement limitée. Des expériences ont permis de conclure qu'une personne sur cinquante-cinq ne peut distinguer le rouge du vert et qu'une sur cinquante confond le brun et le vert. Le rose et le jaune paraissent identiques à certaines personnes tandis que d'autres ne voient aucune différence entre le bleu et le vert. Très peu de daltoniens voient le monde en noir et blanc seulement.

La vie réserve de dangereuses surprises aux daltoniens qui ne peuvent distinguer les lumières colorées dans les aéroports, sur les bateaux, dans les rues ou aux passages à niveau. L'un de mes amis, qui était pilote pendant la dernière guerre, m'a expliqué qu'il ne comprenait pas pourquoi les préposés à la tour de contrôle poussaient de hauts cris lorsqu'il se préparait à atterrir. On finit par s'apercevoir qu'il était incapable de distinguer les feux rouges des feux verts. À cette époque, il n'était âgé que d'une vingtaine d'années et ne se doutait guère qu'il était daltonien. Les fils électriques sous tension de couleur rouge sont particulièrement dangereux pour les daltoniens et c'est sans doute pour cette raison qu'en vertu des normes de la Communauté européenne, ils doivent maintenant être bruns. Les fils doivent être bleus tandis que ceux des prises de terre arborent des rayures vertes et jaunes.

Les diverses couleurs sont produites par des ondes lumineuses de différentes longueurs. Les objets ne possèdent donc pas de couleur fixe. Leur teinte dépend de la lumière qui est réfléchie par leur surface. Les feuilles des plantes paraissent vertes, car elles reflètent les rayons verts tout en absorbant tous les autres, mais si vous placez une feuille sous une lumière rouge, elle paraîtra noire. Les objets peuvent donc revêtir n'importe quelle couleur, le jaune, le bleu ou le brun, par exemple, en fonction de leur capacité d'absorber certains rayons lumineux et d'en réfléchir d'autres. Les

Le spectre électromagnétique

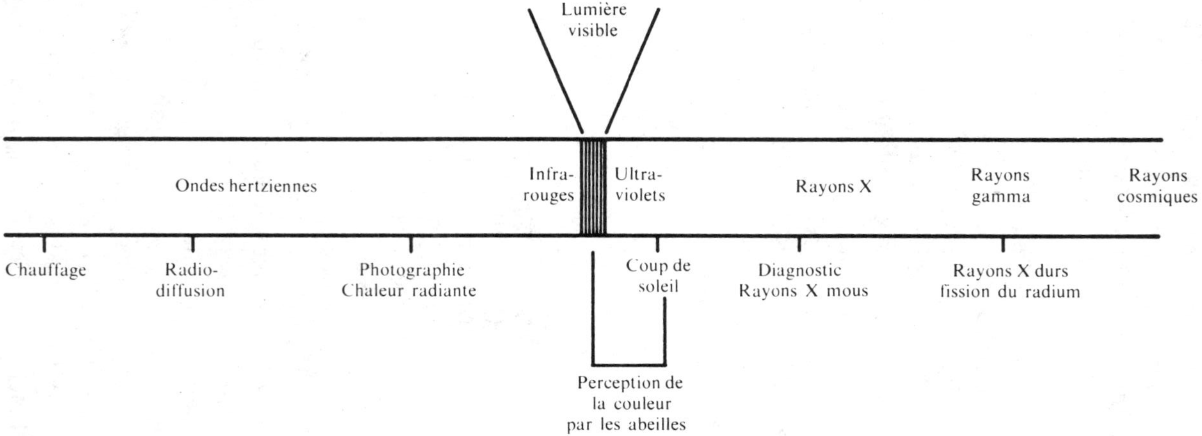

objets transparents sont colorés par leur capacité de filtrer certains rayons. Le verre bleu, par exemple, ne laisse passer que les rayons bleus. Un objet transparent qui transmet toutes les couleurs de manière égale, une petite quantité d'eau pure, par exemple, est dit incolore.

Les couleurs diffèrent les unes des autres d'abord par leur teinte. Par exemple, on peut dire que le bleu diffère du rouge et le vert, du jaune. Ensuite, la même teinte peut varier en intensité ou "valeur", en raison de la quantité de lumière qu'elle reflète. Elle peut également varier en "pureté", en fonction de la quantité de gris qui y est incorporée. Les surfaces capables de refléter tous les rayons colorés apparaissent rouges à la lumière rouge, bleues à la lumière bleue et blanches à la lumière du jour. D'autres surfaces absorbent tous les rayons lumineux sans en réfléchir aucun. Elles sont 'noires". En ajoutant du blanc à une couleur pure, par exemple en passant du rouge au rose, on éclaircit la couleur. Tandis que si on y ajoute du noir, on l'assombrit. Les peintures des artistes et toutes les autres teintures, peintures et encres que l'homme utilise, produisent de la couleur en raison de leur capacité de refléter différentes ondes lumineuses. On peut créer un nombre étonnant de couleurs à partir de quelques matériaux. Le bleu, le rouge et le jaune sont des couleurs "primaires". Diverses combinaisons de ces trois teintes de base produisent toutes les autres couleurs.

Les couleurs forment aussi des paires complémentaires, telles que le rouge et le vert, le jaune et le violet, le bleu et l'orange. Notre oeil, qui sait nous jouer des tours, est capable de nous faire voir une image-fantôme d'une couleur complémentaire. C'est là que le bât blesse si vous essayez ardemment de voir l'aura des personnes qui vous entourent, comme nous en discuterons dans un chapitre ultérieur. Une personne vêtue de rouge vif semble fréquemment dotée d'une aura verte, par exemple. Si vous fixez un objet vert puis regardez ensuite rapidement une surface blanche, vous distinguerez en rouge une réplique de l'objet. C'est parce que l'oeil se fatigue vite d'une couleur unique. Par conséquent, lorsque vous le tournez vers une surface blanche ou claire, il accueille avec soulagement les autres couleurs, en se débarrassant de la couleur qui a provoqué la fatigue. D'ailleurs, il suffit de regarder fixement n'importe quel objet pour que l'oeil se fatigue, et l'une des couleurs qui devient en général perceptible à ce moment-là est un vert bleuté. C'est un problème qu'il vous faudra garder à l'esprit si vous voulez apprendre à distinguer les auras.

Comme je l'ai mentionné ci-dessus, la lumière visible ne forme qu'une partie du spectre électromagnétique. Elle n'englobe qu'un soixantième du spectre connu, comme le montre le tableau 1.

Les ondes hertziennes sont utilisées pour la radiocommunication, la chaleur transmise par induction et la photographie. Elles peuvent parcourir une grande distance et pénétrer les atmosphères les plus lourdes, permettant de distinguer des images que l'oeil humain ne voit qu'avec difficulté. Vient ensuite la chaleur radiante, suivie des rayons laser et de l'holographie. Les ondes longues permettent de mesurer plusieurs centaines de mètres tandis que la longueur d'onde de la lumière à vapeur de sodium (jaune), par exemple, est très courte: on compte environ 45 000 ondes tous les deux centimètres. À l'extrémité courte du spectre se trouvent les rayons X, les rayons gamma et les rayons cosmiques. La plupart traversent sans dommage notre corps, bien qu'une surexposition aux rayons X et gamma, aux micro-ondes, aux rayons laser, etc., puisse être extrêmement dangereuse, voire fatale. La lumière visible est également capable de pénétrer assez loin dans les muscles des humains et des animaux, parfois même jusqu'aux organes centraux, si l'intensité est assez forte. Le chercheur E.E. Brunt et ses collègues[1] ont fait passer de la lumière à travers le crâne de moutons, de chiens et de lapins et ont prouvé que "la lumière atteint les lobes temporaux et l'hypothalamus chez diverses espèces de mammifères, l'homme y compris". Un autre savant, W.F. Ganong, ainsi que ses collègues, ont conclu que la lumière extérieure pouvait pénétrer le crâne des mammifères en quantité suffisante pour activer les cellules photoélectriques enchâssées dans les tissus du cerveau. Ce qui signifie, d'après Faber Birren, que la lumière est essentielle à une existence saine et normale et que la nature lui permet d'influer sur l'organisme par l'intermédiaire des tissus cutanés, oculaires et même cérébraux.

L'être humain et toutes les autres créatures vivantes émettent de la lumière ainsi que leur propre rayonnement, entièrement différent de la lumière émise par les animaux lumineux, tels que les vers luisants, les lucioles et les poissons des profondeurs. Le Dr Glen Rein, biologiste à l'hôpital Saint-Bartholomew de Londres, a déclaré au cours d'une conférence donnée au College of Psychic Studies, en avril 1983, que l'être humain émet de nombreuses ondes radioélectriques, y compris une lumière visible (dont une partie est représentée par l'aura). Le Dr Rein a travaillé avec des guérisseurs et a découvert que l'énergie curative et l'énergie électromagmétique ont une influence importante sur l'activité enzymatique et la neurotransmission. Il a montré comment des cristaux émettent sous pression un courant électrique et comment l'énergie électromagnétique peut y être introduite. Il a fait remarquer que des cristaux se trouvent dans la glande pinéale, par exemple, ce qui suggère que si l'énergie électromagnétique y était introduite d'une manière quelconque, elle pourrait avoir des effets profonds sur la santé du patient.

Il est donc évident que non seulement les ondes hertziennes mais aussi la lumière visible influent sur l'organisme vivant. Même les invertébrés, tels les amibes, réagissent à la lumière, certains préférant une lumière faible ou l'ombre, d'autres l'obscurité. La lumière exerce une influence importante sur les cycles sexuels des humains et des animaux. Par exemple, on a découvert que les étourneaux de Picadilly Circus, qui sont exposés à la lumière violente des panneaux publicitaires et des lampadaires, ont des organes sexuels actifs à une époque de l'année où leurs cousins des campagnes sont impuissants. Bien entendu, il est toujours possible d'attribuer ce phénomène à l'influence de la statue d'Eros mais d'autres expériences scientifiques semblent réfuter cette hypothèse...

Les agriculteurs ont découvert que les poules pondaient davantage en hiver lorsqu'on installe une lumière forte dans le poulailler. Quant aux belettes, lapins et furets, on a constaté que leur fourrure acquiert une couleur hivernale pendant les journées d'été si on modifie la quantité de lumière que reçoit leur tanière. Dans un ouvrage fascinant, *Light, Colour and Environment*, Faber Birren révèle que des résultats semblables ont été obtenus avec les chèvres, ce qui permet de régulariser la production de lait et la reproduction. Apparemment, les journées courtes favorisent la reproduction tandis que les longues en ralentissent le rythme.

Birren mentionne également une étude au cours de laquelle le chercheur John Ott [2] s'est efforcé d'élever des visons derrière des fenêtres de plastique coloré. Le vison est en général un animal très agressif, surtout pendant la période du rut. Ott découvrit que les visons qui vivaient derrière les fenêtres roses devenaient de plus en plus agressifs et hargneux. En outre, la fréquence des grossesses après l'accouplement devenait de plus en plus basse. En revanche, les visons qui vivaient derrière des fenêtres bleues devenaient plus dociles, plus facilement manipulables. Toutes les femelles concevaient après l'accouplement. On dit que l'être humain aussi est excité par le rayonnement rouge et apaisé par le rayonnement bleu.

La plupart des mammifères sont, de notre point de vue tout au moins, virtuellement daltoniens. Cependant les insectes, les poissons, les oiseaux, les reptiles et les singes voient les couleurs. Tous les êtres vivants réagissent à la couleur, qu'ils la voient ou non. On a découvert que des rongeurs emprisonnés sous une lumière bleue présentaient un taux de croissance normale tandis que leurs congénères vivant sous la lumière rouge avaient plus d'appétit et, par conséquent, prenaient du poids. Une exposition prolongée au rose s'est révélée fatale pour les souris. John Ott gardait 1 000 souris en colonies séparées, sous trois éclairages différents: fluorescent bleuté, fluorescent rose et lumière du jour. (Bien entendu, la lumière du jour varie en intensité en fonction du moment de la journée et de la saison.) Il découvrit que les portées conçues à la lumière du jour étaient composées de 50 pour 100 de femelles et 50 pour 100 de mâles. En revanche, les portées conçues sous la lumière comprenaient 70 pour 100 de femelles et 30 pour 100 de mâles. Sous la lumière rose, ces proportions étaient exactement inverses. Il est courant parmi les éleveurs professionnels de chinchillas d'utiliser une lumière artificielle bleutée pour favoriser la naissance d'un plus grand nombre de femelles car leur fourrure est plus épaisse.

Les plantes sont également influencées par l'intensité de la lumière, la longueur de la journée et les couleurs, bien plus en réalité qu'elles le sont par la température et l'humidité. Grâce à la photosynthèse, la lumière permet à l'eau et au bioxyde de carbone de s'allier en présence de la chlorophylle pour former des sucres simples. La plupart d'entre eux sont une nourriture pour la plante ainsi que pour les animaux et les humains qui consomment les récoltes.

Birren nous révèle que Tessier (1783), en France[3], fut l'un des pionniers de la recherche sur la croissance des plantes sous des lumières colorées. Il semble avoir obtenu des résultats très contradictoires. Plus tard, le général A.J. Pleasanton, de Philadelphie, eut l'audace de proposer aux horticulteurs plusieurs théories déconcertantes sur la pose de verre bleu (qu'il considérait comme la couleur la plus importante) lors de la construction de serres. Il affirmait avoir obtenu par ce moyen une récolte de raisin quasi miraculeuse, mais Birren est d'avis qu'il exagérait beaucoup ses résultats. En 1895, Camille Flammarion découvrit que les effets étaient plus bénéfiques si on utilisait de la lumière rouge et en 1902, L.C. Corbett s'aperçut que la lumière rouge stimulait effectivement la croissance des laitues. Ces messieurs et d'autres furent suivis par des chercheurs qui utilisèrent des méthodes plus scientifiques.

Aujourd'hui, beaucoup de jardiniers régularisent la quantité de lumière que reçoivent leurs végétaux. John Ott découvrit que les chrysanthèmes peuvent fleurir à n'importe quelle époque de l'année si on règle la quantité de lumière qu'ils reçoivent. Il entreprit de nombreuses expériences à l'aide de filtres et lumières colorés. Il démontra, par exemple, que les fleurs mâles et femelles de la citrouille réagissent à la lumière fluorescente bleutée en se flétrissant et en s'épanouissant respectivement. La lumière fluorescente ordinaire provoque le flétrissement des fleurs femelles seulement. La lumière et les filtres bleus incitent la belle-de-jour à s'ouvrir tandis que la lumière plus vive a l'effet inverse. Il semble donc qu'en notant soigneusement les conditions dans lesquelles une plante s'épanouit, il soit théoriquement possible de faire pousser n'importe quoi en dehors de la saison et du milieu normal. Je dois cependant avouer qu'à mon avis un légume ou un fruit disponible "hors saison" ne doit certainement posséder ni la texture ni le goût des fruits et légumes qui poussent naturellement. Les effets de la lumière et de la couleur sur les plantes sont néanmoins des plus remarquables et constituent un exemple parfait de l'interaction des diverses forces qui se combinent pour créer le monde dans lequel nous vivons.

Il semble donc qu'à l'instar des autres organismes, les plantes soient surtout influencées par le rouge et le bleu, tandis que le jaune et le jaune-vert les laissent relativement indifférentes. Le rouge fait bourgeonner la laitue mais l'infrarouge flétrit les bourgeons. Le rouge inhibe aussi l'épanouissement des plantes d'automne et d'hiver tandis qu'il favorise la floraison des plantes de printemps et d'été. Pour les personnes qui travaillent une partie de la journée dans une serre éclairée artificiellement, c'est une lumière verte de faible intensité qui est la moins nocive, cela est valable pour les humains comme pour les plantes. Stuart Dunn, de l'Université du New Hampshire, découvrit que les graines de tomates produisent d'intéressants résultats lorsqu'on les fait pousser sous des lumières de couleurs différentes: les lampes blanches et chaudes produisent le rendement maximal (cette lumière étant la plus proche de la lumière solaire) tandis que les lampes bleues puis roses ne produisent qu'un rendement moyen. Le vert et le rouge n'ont qu'un effet minime. On essaya ensuite les lampes rouges "de forte intensité" qui produisirent la récolte la plus importante de toutes. De nos jours les cultivateurs qui désirent déclencher la récolte à une date pécoce peuvent se procurer des lampes spéciales. Theo Gimbel [4] découvrit qu'un filtre rouge primaire commence par stimuler la croissance des plantes puis finit par la retarder. Les végétaux ainsi obtenus ont une texture élastique et un goût amer. La lumière verte semble prometteuse au départ, mais ses effets s'atténuent rapidement. Sous un filtre bleu, les plantes croissent plus vite que prévu. Cependant, l'auteur ne mentionne pas les noms des plantes qui lui ont servi à faire ses expériences. Par conséquent, je vous conseille de faire preuve de prudence si vous désirez utiliser des filtres bleus pour stimuler la croissance d'une plante exotique que vous venez d'acquérir. Il est très possible que votre végétal ait besoin d'un tout autre genre de filtre pour se développer.

Birren révèle un autre phénomène intéressant: d'après lui, certains végétaux auraient une aura. Apparemment, en 1923, Alexander Gurwitsch[5] révéla qu'il avait découvert ce qu'il appela "l'énergie mitogénétique", par laquelle un oignon, par exemple, émettrait un rayonnement qui se situerait dans la région ultraviolette du spectre. Bien que son intensité soit très faible, elle est tout de même mesurable. Plusieurs chercheurs ont par la suite vérifié cette hypothèse, mais la question est loin d'être réglée et les opinions sont très controversées dans les sphères scientifiques.

Faber Birren, que l'on pourrait qualifier de grand-prêtre de la recherche sur la couleur, a publié des centaines de livres et d'articles sur le sujet. Il mentionne plusieurs recherches intéressantes sur les effets de la lumière et de la couleur sur l'organisme humain. Il cite H.L. Logan, éminent éclairagiste, qui fait remarquer que la lumière dilate les vaisseaux sanguins, accélère la circulation et, donc, libère le corps des toxines, soulageant les reins. La teneur en hémoglobine du sang serait accrue par la lumière et diminuée par l'obscurité. La lumière accélère les processus hormonaux grâce à l'activation des glandes endocrines.

Un autre chercheur, Richard Wurtman, a prouvé que l'effet stimulant de la lumière sur l'organisme peut s'exercer aussi bien par le truchement des yeux que par la peau et les tissus sous-cutanés. Il déclare: "Il semble évident que la lumière constitue, après la nourriture, l'élément extérieur le plus important qui régit les fonctions corporelles."

Wurtman découvrit également que les jeunes filles aveugles sont, dans beaucoup de cas, menstruées plus tôt que les autres adolescentes. Il croit que cela est dû au fait qu'en l'absence "d'une réaction de la rétine à la lumière, un déséquilibre naît, qui se manifeste par une menstruation plus précoce". Chez les femmes esquimau, la menstruation disparaît parfois pendant la longue nuit arctique. L'absence de lumière peut donc provoquer une forme naturelle d'hibernation humaine.

Donc, il est certain que la couleur et la lumière influencent tout ce qui vit. Dans quelle mesure la thérapie par la couleur est-elle possible? Dans ce chapitre, nous étudierons certaines des théories les plus orthodoxes de chromothérapie qui sont apparues depuis l'époque de Niels Finsen. Pionnier des recherches sur la lumière, ce Danois croyait que la lumière rouge visible prévenait la formation de cicatrices provoquées par la petite vérole. En 1896, il écrivit un traité sur les propriétés actiniques (l'action chimique) de la lumière solaire, avant de fonder un Institut de la lumière consacré au traitement de la tuberculose. Il reçut le prix Nobel en 1903 et, plus tard, déclara qu'il avait obtenu des résultats spectaculaires chez près de 2 000 patients à l'aide de la lumière solaire et des rayons ultraviolets. Birren nous apprend que Downs et Blunt, en Angleterre, découvrirent en 1877 l'action bactéricide du rayonnement ultraviolet.

En Inde, le rachitisme est relativement courant, ce qui est peut-être dû à la coutume selon laquelle les femmes et les enfants des castes supérieures doivent demeurer à l'intérieur la majeure partie du temps. On note également une recrudescence du rachitisme parmi les personnes originaires de pays au climat ensoleillé qui émigrent en Grande-Bretagne, car elles sont à la fois privées de soleil et de vitamine D. La lumière ultraviolette joue un rôle crucial: elle prévient le rachitisme, détruit les bactéries et encourage certains changements chimiques du corps tout en étant utilisée pour soigner certaines maladies de la peau.

Aux États-Unis, les rayons ultraviolets servent au traitement normal du psoriasis. On peut guérir les poissons d'aquarium atteints de certaines maladies virales en les irradiant d'une quantité précise de lumière ultraviolette. D'autres animaux y sont également sensibles. On peut irradier certaines denrées, telles que le lard, l'huile, le lait, afin de favoriser la formation de vitamine D mais, chose curieuse, l'huile de foie de morue irradiée perd ses principales propriétés. Le rayonnement ultraviolet accélère le métabolisme des protéines et permet de réduire la teneur en sucre du sang des diabétiques. Cependant une surexposition rapide peut provoquer des dommages cutanés et une douloureuse inflammation oculaire, la photokératite. Les ondes infrarouges sont très dangereuses pour l'oeil humain et semblent avoir également un effet délétère sur l'action de la vitamine D.

De nombreux scientifiques sont convaincus que la couleur, tout comme la lumière, exerce un effet plus puissant sur la santé et le comportement qu'on le croyait autrefois. Aujourd'hui, on utilise la couleur pour soigner plusieurs maladies. Par exemple, depuis une dizaine d'années, les bains de lumière bleue ont remplacé les transfusions sanguines chez les quelques 30 000 bébés qui naissent chaque année atteints de la jaunisse du nouveau-né, une affection qui peut être fatale. (Les chiffres proviennent des États-Unis.) Cependant, la lumière bleue irrite les yeux des infirmières qui travaillent dans les salles et de nombreux hôpitaux ont ajouté une lumière dorée pour adoucir la qualité de l'éclairage[6]. On a d'ailleurs découvert qu'en général les bébés deviennent beaucoup plus faciles à soigner lorsque la lumière est bleue, car elle apaise les pleurs et diminue l'hyperactivité.

La lumière fluorescente blanche est utilisée, en conjonction avec les remèdes photosensibilisants, pour cicatriser les lésions herpétiques. Chez certains infortunés, une éruption cutanée suit l'exposition à une lumière bleue ou violette. Il est possible que cela soit dû à l'effet allergique de l'interaction de la lumière et de lotions d'après-rasage, de produits de beauté, de certains aliments ou produits. De nos jours, il existe des produits efficaces pour se protéger des rayons indésirables. Certaines teintures sont aussi utilisées pour traiter les lésions de psoriasis ou d'herpès qui sont exposées à la lumière visible.

Laquelle peut aider à réparer les dommages provoqués par la lumière ultraviolette invisible. Une teinture couleur jaune de chrome semble être particulièrement efficace [7] lorsqu'on l'utilise en conjonction avec une source lumineuse bleu-violet. Les porphyrines (agents sensibilisants) ont eu des effets positifs sur des tumeurs cancéreuses peu étendues. Elles s'accumulent dans la région malade et les cellules cancéreuses sont "sérieusement endommagées lorsqu'elles sont exposées à la lumière visible ou à une lumière ultraviolette rapprochée". L'utilisation des teintures et de la lumière pour soigner des affections cutanées est encore très controversée et de nombreux scientifiques ne sont pas convaincus de l'efficacité de cette combinaison.

En Union soviétique, où l'on expérimente depuis longtemps la chromothérapie, les rayons ultraviolets font l'objet d'une utilisation intensive, notamment lorsqu'on appréhende des cas de "poumons du mineur". La lumière ultraviolette est également utilisée en complément de la lumière ordinaire dans les salles de classe. Les chercheurs affirment que les enfants grandissent plus vite, attrapent moins de rhumes et travaillent mieux.

Certains chercheurs se préoccupent des effets de la couleur sur les activités du corps et soutiennent que la lumière rouge accroît l'activité musculaire, la tension artérielle et le rythme cardiaque. D'ailleurs, le rouge semble être une couleur très déroutante pour les personnes anxieuses. Le bleu produit l'effet inverse, diminuant la tension artérielle et la fréquence des clignements d'yeux, atténuant les irritations oculaires. On croit que c'est une couleur qui favorise le sommeil. Le rouge est indiqué pour stimuler les personnes atteintes de dépression réactive et de neurasthénie. Il semble parfois favoriser la croissance. Il peut également provoquer une diminution de la teneur en sucre du sang et on le recommande pour traiter certains cas d'eczéma. Les spécialistes de psychologie Gestalt*, tels que Heinz Werner, Krakov, Allen et Schwartz, ont découvert que des bruits de forte intensité, des odeurs et des goûts puissants, avaient tendance à sensibiliser davantage l'oeil au vert tout en décroissant sa sensibilité au rouge. Birren déclare: "On peut affirmer en général que la couleur influe sur la tension musculaire, l'activation du cortex (ondes cervicales), le rythme cardiaque, la respiration et autres fonctions du système nerveux autonome."

La couleur peut avoir des effets des plus spectaculaires. Birren relate l'histoire d'une femme atteinte d'une maladie du cervelet, qui faisait fréquemment des chutes. Lorsqu'elle portait une robe rouge, ces symptômes s'accentuaient. Birren déclare que le tremblement et certains autres symptômes de la maladie de Parkinson peuvent parfois être atténués si le patient est protégé contre le rouge et le jaune. Par exemple, s'il porte des lunettes munies de lentilles vertes. À ceux qui souhaitent approfondir leur connaissance de ces théories, je recommande la lecture de l'oeuvre de Faber Birren.

Bien que la plupart des études sur la couleur aient été réalisées du point de vue psychologique, certains médecins commencent à se rendre compte que l'oeil a besoin de contraste et d'une variété raisonnable de couleurs. Dans les hôpitaux, qui sont des endroits où les émotions sont omniprésentes, on choisit des couleurs apaisantes pour les salles d'attente et les chambres. Il suffit de se souvenir du sinistre décor aseptisé des hôpitaux et foyers d'autrefois pour reconnaître les efforts que la plupart de ces institutions accomplissent aujourd'hui pour égayer leurs pièces. Comme je l'ai mentionné plus haut, les couleurs vives tendent à stimuler les fonctions autonomes, la tension artérielle, le rythme cardiaque et respiratoire. Les couleurs douces et atténuées ont des effets généralement inverses et invitent au repos. Les fonctions autonomes sont ralenties, le patient a tendance à se décontracter.

---

* Psychologie Gestalt: psychologie spécialisée dans une étude de la perception et du comportement à partir de la réaction d'un organisme à des formes. (*N.D.T.*)

Dans les salles d'opération, le problème posé par des lampes éblouissantes a conduit à l'utilisation du bleu et du turquoise, non seulement pour la pièce même mais aussi pour les vêtements. Les couleurs réduisent la brillance du champ de vision, accentuent les contrastes visuels et éliminent le problème de l'image-fantôme verte qui risquerait d'apparaître au chirurgien après une longue exposition de ses yeux au sang rouge. Les plafonds doivent être peints en fonction du fait que les patients allongés sur le dos doivent y garder le regard fixé. Les couleurs vives telles que le rouge, le jaune et le bleu risquent de se révéler monotones après un certain temps. De plus, lorsque le patient souffre d'une maladie comme la jaunisse, un effet désastreux peut s'ensuivre. On recommande donc un éclairage de couleur neutre afin que tout changement de la condition du patient puisse être rapidement remarqué. Pourquoi ne pas décorer aussi les salles de loisir et de réunion de couleurs gaies?

Des études générales portant sur le goût des gens dans ce domaine ainsi que sur leurs associations de couleurs préférées, ont démontré que les trois couleurs les plus attrayantes sont le bleu, le rouge et le vert (ainsi que tous leurs tons et nuances); les trois couleurs les moins aimées sont l'orange, le pourpre et le jaune-vert. Il vaut mieux, cependant, remplacer le bleu pur par du bleu-vert ou du turquoise car, sur de vastes surfaces, il rend la pièce froide et désolée. En bref, des couleurs fraîches, discrètes, sont préférables dans des chambres où sont logés des patients atteints de maladies chroniques, tandis que des couleurs chaudes et vives égaient les convalescents. Birren recommande que les salles de soins soient peintes en corail, pêche, vert Nil ou turquoise. Les pouponnières doivent être de couleur corail. Les salles de visite pourraient être revêtues de jaune pâle et l'un des murs pourrait être peint d'une couleur contrastante, pour stimuler l'intérêt de l'oeil.

Hazel Rossotti, dans son livre intitulé *Colour* [8], raconte qu'on demanda à des enfants psychologiquement perturbés, qui vivaient dans un foyer, de peindre un tableau. On prit note de la couleur dominante de chacun, couleur qui revêtit ensuite les paravents disposés autour de chaque lit. On remarqua alors que les enfants allaient se coucher beaucoup plus calmement. Dans un hôpital psychiatrique, on découvrit que les patients s'aventuraient plus facilement dans un corridor peint en rouge grenat ou en marron que dans un corridor de couleur claire. L'effet oppressant des couleurs sombres les forçait à rechercher un abri plus paisible.

L'une des expériences les plus spectaculaires et les plus controversées est celle de la "chambre rose", destinée à apaiser les personnes violentes[9]. Au Probation Department du comté de San Bernardino, en Californie, les enfants violents et agressifs sont placés dans une cellule de quatre mètres sur deux, qui présente une caractéristique unique: elle est peinte en rose bonbon. D'après le directeur des services cliniques, Paul E. Boccumini, les enfants se calment, cessent de hurler et de donner des coups de poing dans les murs, puis s'assoupissent, le tout au bout de dix minutes environ. En outre, l'effet lénifiant semble se poursuivre un certain temps. Certains psychologues sont très sceptiques à ce propos, mais de nombreuses autorités locales des États-Unis tentent des expériences en revêtant des murs de ce rose "passif", espérant éliminer le problème du vandalisme et des graffiti. Les entraîneurs de football en font peindre les murs des vestiaires réservés aux équipes en visite dans l'espoir que leurs adversaires tomberont en léthargie une fois sur le terrain! Quoiqu'en disent les psychologues, nous savons tous qu'une pièce entièrement rose a un effet étrange: elle conduit à la somnolence et à l'inertie.

Theo Gimbel, dans son livre *Healing Through Colour*[10], mentionne qu'en 1932, Gerrard et Hessey parvinrent à apaiser une foule hystérique à l'aide d'une lumière bleue et il pense que les matchs de cricket se déroulent dans une atmosphère plus paisible que les matchs de football parce qu'ils ont lieu en plein air et non sous de puissantes lampes à arc. Il mentionne également un exposition organisée à Londres, en 1970, dans laquelle trois pièces étaient peintes respectivement en noir, vert et jaune. Pour une raison quelconque, la seule pièce dans laquelle des objets étaient constamment dérobés ou brisés était la pièce jaune. Le jaune, selon Gimbel, est une couleur qui incite à la violence tout en engendrant un sentiment d'indifférence et de détachement. Il pense que la lumière jaune répandue par les lampadaires municipaux dans les rues est peut-être en partie responsable de la fréquence de la criminalité dans certains secteurs.

Les autorités scolaires s'efforcent aussi de perdre leur image strictement fonctionnelle d'autrefois en se lançant dans des tentatives de décoration parfois quelque peu exotiques et criardes. Il n'est pas garanti que ces audacieux efforts soient du goût des élèves mais, ce qui est important, c'est la manière dont les principes modernes de la couleur, appliqués aux écoles, améliorent le rendement des écoliers, notamment au cours de leurs premières années de scolarité. Il est toujours possible, bien entendu, que les élèves, qui sont visés par ces expériences colorées, réagissent de manière positive simplement parce que des événements intéressants se déroulent autour d'eux et parce qu'ils deviennent le centre de l'attention. C'est, en tout cas, la réaction que l'on a observée chez les ouvriers d'usine lorsque des "experts" étaient désignés pour tâcher d'égayer le sinistre environnement de travail. Cependant, du point de vue purement matériel, il convient de choisir un décor qui ne fatigue pas les yeux, n'incite pas l'attention à vagabonder. Il faut éviter l'éblouissement provoqué par des murs trop blancs mais sans tomber dans le piège de la pénombre. Les couleurs claires reflètent davantage de luminosité que les teintes sombres mais une brillance trop accentuée est un handicap qui détourne l'attention des élèves ou des employés de leur tâche. Les plafonds, selon Birren, doivent être blancs, afin de bien réfléchir la lumière, tandis que les sols doivent être couleur de bois naturel. Des couleurs vives et chaudes, telles que le jaune paille, le corail, le pêche, etc., sont recommandées pour des salles de détente ou des classes maternelles. L'effet passif du vert chartreuse, du vert d'eau ou du turquoise est préférable si l'on veut favoriser la concentration. C'est pourquoi les couleurs froides conviennent bien aux classes plus avancées, aux salles d'étude et bibliothèques. Dans une salle de classe, le mur qui fait face aux élèves est particulièrement important. Les trois autres doivent être revêtus de couleurs neutres tandis que le quatrième pourrait être peint d'un teinte contrastante, telle que l'ocre, le vieil or, le vert avocat, le turquoise ou le bleu, afin de rompre la monotonie en donnant à la salle une apparence différente selon l'endroit où l'on se trouve. Les gymnases, les salles de travaux manuels et d'enseignement ménager doivent être revêtus de tons lumineux de jaune clair, pêche, beige, tandis que les réfectoires et salles à manger pourraient être peints de couleurs gaies et "appétissantes", telles que le pêche, le corail, le rose, le rose citrouille ou le rose flamand. On peint tous les obstacles en jaune vif ou en rouge afin d'attirer l'oeil.

La couleur subjective et la nature

Nous pouvons aussi percevoir la couleur subjectivement, à partir de notre être intérieur. Depuis les expériences d'Huxley avec la mescaline, nombreux sont ceux qui ont essayé des stupéfiants tels que le LSD, le peyotl, voire d'autres drogues encore plus dangereuses. Certaines de ces expériences étaient purement scientifiques, entreprises à des fins de recherche. Dans d'autres cas, une curiosité mal placée ou un simple désir de gratification étaient les seules raisons d'être de l'expérience, qui était alors entreprise sans les précautions que prennent habituellement les médecins ou les personnes qui absorbent ces drogues à des fins de recherche spirituelle. La plupart des gens ont été probablement alléchés par les descriptions que Huxley et d'autres avaient données des couleurs et des effets visuels extraordinaires provoqués par la drogue. Huxley lui-même a été considérablement impressionné par la perception exacerbée de la couleur qui suivait l'absorption de mescaline et, depuis, nombreux sont ceux qui on donné des descriptions affriolantes des effets provoqués par les stupéfiants. Les lampes stroboscopiques, dit-on, accroissent la perception de la couleur mais, bien que je puisse affirmer par expérience personnelle qu'après une brève utilisation d'une de ces lampes, la perception subjective des couleurs m'ait paru plus facile pendant les heures suivantes, je doute que le jeu en vaille la chandelle. Les lampes stroboscopiques peuvent être dangereuses si elles ne sont pas correctement réglées et, entre les mains de gens inexpérimentés, peuvent déclencher des crises d'épilepsie ou des migraines. Une méthode moins risquée pour expérimenter la couleur subjective est celle de la "boîte noire". Le sujet est coupé de toute forme de perception sensorielle pendant quelques heures, à la suite de quoi il peut avoir des hallucinations qui comportent une débauche éblouissante de couleurs. D'ailleurs, il arrive fréquemment qu'avant une crise d'épilepsie ou une migraine, le patient voie des rayons ou des zigzags colorés en face de lui ou à la périphérie de son champ visuel. En outre, si vous recevez un bon coup sur la tête, vous verrez "trente-six chandelles". Les couleurs sont également présentes dans les rêves et les méditations. Nous en discuterons dans un autre chapitre.

Dans son ouvrage *Access to Inner World*[11], Colin Wilson mentionne l'oeuvre exceptionnelle de Jurij Moskvitine, *Essay on the Origin of Thought*. L'auteur décrit comment un jour, allongé au soleil, les yeux mi-clos, il regardait le spectre de couleurs qui devient parfois visible lorsque les cils dissimulent partiellement les yeux. Il dit alors: "Soudain, j'aperçus comme une mosaïque de dessins étranges et magnifiques projetés en arrière-plan sur un écran qui me donnèrent l'impression d'assister à un spectacle particulièrement important." Il compara plus tard l'effet de ces "étincelles dansantes" à un tableau du peintre pointilliste Signac. Colin Wilson interprète les idées plutôt obscures de Moskvitine: "Le monde extérieur que nos yeux nous révèlent n'est qu'une version limitée d'un monde intérieur beaucoup plus vaste." En d'autres termes: "La vue est un acte instantané de peinture et le pinceau n'est autre que ce jaillissement magique d'étincelles de nos yeux."

Une autre manière de percevoir subjectivement la couleur consiste à utiliser d'autres parties du corps que les yeux. On a découvert que beaucoup d'aveugles acquéraient un sens de la couleur en passant le bout des doigts sur une surface. Ils ont ainsi l'impression que certaines couleurs sont chaudes, d'autres fraîches et acides, ou lourdes et épaisses. Vous pourriez tenter vous-même l'expérience à l'aide de cartes de couleur.

La plupart des recherches de ce type semblent avoir été entreprises en Union soviétique et, dans *Psychic Discoveries Behind the Iron Curtain*[12] d'Ostrander et Schroeder, un chapitre est consacré à la vue sans les yeux. La détentrice la plus célèbre de ce pouvoir se nomme Rosa Koulechova. Elle est non seulement capable de "voir" les couleurs les yeux bandés mais aussi de lire des caractères et de distinguer des images, simplement en les touchant du bout des doigts. Elle déclare être devenue une célébrité après avoir consacré plusieurs heures par jour à s'entraîner. Les Russes ont fait preuve d'un enthousiasme sans limite pour cette nouvelle mode. Malheureusement, l'hystérie qui s'empara du pays, comme ce fut le cas en Grande-Bretagne dans le sillage de Yuri Geller, eut pour résultat de discréditer quelque peu le phénomène. Cependant, discrètement, les scientifiques s'efforcèrent de découvrir les origines de ce surprenant pouvoir. On pensa que Rosa était hypersensible à la texture des pigments mais elle fut capable, les yeux bandés, d'identifier le rouge, le vert ou le jaune après que l'on eut recouvert les feuilles de cellophane, de verre ou de papier à décalquer. On pensa alors qu'elle était hypersensible à la température de la couleur et on décida de poser les feuilles de couleurs froides sur des plaques chauffantes et inversement. Sans différence notable. Elle fut également capable d'identifier des liquides colorés dans des tubes de verre. À l'aide des deux mains, elle pouvait percevoir la couleur de n'importe quel objet, d'une cravate jusqu'à un timbre-poste. En consultant de vieilles archives, on découvrit qu'elle n'était pas la première. Un médecin de l'Institut pédagogique de Nizhniy Tagil découvrit qu'une personne sur six est capable de distinguer une couleur d'une autre, les yeux bandés, après seulement une demi-heure d'entraînememt. La plupart des gens s'accordent à reconnaître que les couleurs peuvent être lisses, visqueuses, rugueuses, etc. Par exemple, le bleu pâle est très lisse tandis que le jaune est très visqueux. Le rouge, le vert et le bleu foncé sont "collants" tandis que le violet est "très collant" et très rugueux. Ce n'est cependant pas tout le monde qui perçoit ainsi les couleurs. Rosa les percevait comme des croix, des droites, des points, etc.

Le Dr Novomeïsky, qui fut chargé de la plupart des expériences, estime que la vue sans les yeux a un rapport avec les champs électromagnétiques. Il a placé des cartes de couleur dans un plateau isolé et ses sujets ont réagi comme si la couleur s'étendait au-delà du plateau, dans l'espace. Des gens différents ont perçu les couleurs à des hauteurs différentes mais tous imaginaient que l'extrémité rouge du spectre se trouvait vers le haut tandis que les bleus s'étendaient vers le bas. D'autres expériences furent entreprises au cours desquelles on envoyait dans la paume des sujets aveuglés des rayons de lumière colorée. Ensuite les rayons prirent la forme de lettres. De nos jours, on appelle "biointroscopie" la vue sans les yeux et, au fur et à mesure que les expériences progressent, on espère que la majorité des aveugles pourront acquérir ce pouvoir.

Les Soviétiques affirment que la totalité de la superficie de la peau est capable de "voir". Certains stagiaires ont réussi à percevoir la lumière et la couleur à l'aide de la langue, du coude et du nez. On se demande si ce phénomène ne pourrait pas s'étendre au goût, à l'ouïe et à l'odorat. Les Chinois prétendent aussi avoir entrepris des expériences au cours desquelles des enfants se sont révélés capables de "voir" avec leurs coudes, leur estomac, leurs genoux, etc. C'est un sujet fascinant mais comment savoir dans quelle mesure l'influence de l'expérimentateur est responsable des résultats obtenus? En effet, c'est là l'explication de plus en plus courante d'un phénomène par lequel un expérimentateur parvient à influencer inconsciemment ses sujets. On a constaté fréquemment que les expériences en question ne pouvait être répétées par d'autres.

Laissons maintenant de côté le monde quelque peu stérile de la science pour nous tourner vers la nature. De nombreuses manifestations brillantes de la couleur ne sont pas d'origine chimique. L'arc-en-ciel et autres visions du spectre, par exemple l'iridescence de l'huile sur l'eau, les bulles de savon, les plumes des oiseaux, etc., sont des phénomènes lumineux causés par la réfraction, la polarisation, et ainsi de suite. De nombreuses couleurs non métalliques que l'on distingue sur les ailes des oiseaux, par exemple, sont formées par de petites bulles d'air emprisonnées dans les plumes, qui provoquent la décomposition des rayons blancs. Un phénomène semblable est celui de l'interférence des rayons lumineux qui traversent les ailes diaphanes des papillons, libellules et autres lépidoptères. Les apparences sont trompeuses! Même le lustre de la nacre naît de la diffraction de la lumière. Des manifestations telles que l'aurore et le crépuscule sont causées par l'éparpillement de la lumière et, si les particules de poussière sont nombreuses dans l'atmosphère, l'effet peut être vraiment spectaculaire. L'éparpillement de la lumière est également responsable de l'existence des yeux bleus, des plumes bleues, de l'extrémité arrière particulièrement décorative du mandrill, ainsi que de nombreuses manifestations naturelles de la couleur qui peuvent, comme je l'ai mentionné plus haut, être causées par de minuscules bulles d'air. La majorité des couleurs sont produites par absorption de la lumière ou par réflexion sélective. Par exemple, une surface dite rouge absorbe la plupart des rayons de l'extrémité bleue du spectre tout en réfléchissant les autres, soit les rayons rouges.

Il est donc intéressant de penser que lorsque nous regardons une personne dont la peau est d'une autre couleur que la nôtre, nous regardons en réalité quelqu'un dont la peau a la capacité d'absorber certains rayons colorés et d'en refléter d'autres. Certaines maladies peuvent modifier spectaculairement la couleur de la peau; la transpiration provoquée par la tension, par exemple. En 1709, une jeune fille devint "aussi noire qu'une négresse" sous l'effet de la tension nerveuse et se vit accusée de sorcellerie. Dans le monde animal, on sait que les hippopotames exsudent une transpiration rouge.

De nombreux insectes, mammifères et poissons, sans compter les reptiles, changent de couleur en fonction du milieu, de la saison, voire du moment de la journée. Les crabes et les crevettes, par exemple, adaptent leur couleur à leur milieu, leur peau étant recouverte de cellules de pigmentation qui sont incitées par les yeux à entreprendre la modification pertinente. Les poissons tropicaux, en particulier, peuvent effectuer des changements de couleur étonnants, souvent sans raison apparente. Bien entendu, le caméléon est célèbre pour sa capacité de changer de couleur, étant extrêmement sensible à la lumière. Le phénomène semble régi par les yeux. De nombreux autres animaux utilisent leur couleur comme moyen de camouflage ou pour se fondre dans le décor lorsqu'ils se mettent à l'affût. D'autres fusillent l'éventuel prédateur d'une féerie de couleurs "empoisonnées".

La nature a fait preuve d'une extraordinaire ingéniosité pour créer les effets de couleurs. Par exemple, elle a placé de minuscules éléments semblables à des lentilles dans les mousses pour les faire reluire. Algues, champignons et lichens peuvent être iridescents et fluorescents. L'océan est luminescent (fréquemment en raison de la présence de bactéries) de même que certains coraux. Birren déclare que l'on a beaucoup appris sur les organes lumineux des poissons des profondeurs. Certains ont des organes qui ressemblent à des yeux et qui émettent de la lumière. Presque tous sont munis de points lumineux, souvent colorés. D'ailleurs ces poissons ressemblent à des vaisseaux spatiaux, avec leurs pointillés verts, rouges et oranges. D'autres ne deviennent lumineux que pendant la période des amours. En général cependant, la luminosité est destinée à attirer les proies, à effrayer les prédateurs ou simplement à permettre aux espèces de se reconnaître entre elles.

Si nous passons de la mer au ciel, la couleur et la variété des étoiles semble infinie, planètes et soleils étant facilement reconnaissables car il sont bleus, rouges, or, etc. Sirius, par exemple, est l'une des étoiles les plus colorées que l'on distingue dans le ciel hivernal de l'hémisphère nord: les couleurs de l'arc-en-ciel clignotent et étincellent lorsqu'on regarde cette étoile. Et que dire de l'aurore boréale, cette féerie de lumière dansante à proximité des pôles, prosaïquement causée par des électrons et autres particules qui bombardent l'atmosphère, arrivés en force, à une vitesse extraordinaire, des environs du Soleil.

Cette symphonie de couleurs baigne toute vie terrestre à toute heure du jour, à toute époque de l'année, dans toutes les conditions climatiques, et au fur et à mesure que la qualité de la lumière se modifie entre l'aube et le crépuscule. La couleur régit la procréation et la croissance, ralentit ou accélère toute évolution dans l'ordre humain et non humain. Même la couleur du sol varie étonnamment selon le type de minerai qu'il contient. La pierre, la roche, le sable, même les galets les plus ordinaires ont une beauté qui leur est propre si nous les examinons minutieusement. Hazel Rossotti [13] nous explique que quelques-unes des plus belles couleurs du monde minéral sont provoquées par une interférence optique. Par exemple, l'opale absorbe peu de lumière visible, étant presque totalement constituée de silice et d'eau et jouant, en fait, le rôle de grille de diffraction. Selon l'angle sous lequel on la regarde, l'opale semble changer continuellement de couleur car la lumière d'une ou plusieurs longueurs d'onde est rejetée. Le diamant taillé renvoie beaucoup plus efficacement la lumière qu'une goutte de rosée ou un prisme de verre, les diverses couleurs émergeant à des angles différents selon la méthode de taille. D'autres pierres précieuses doivent leur couleur aux divers minéraux et minerais qu'elles contiennent car ils absorbent certains rayons et en reflètent d'autres. Comme les fabricants de feux d'artifice le savent bien, chaque élément chimique produit une flamme d'une couleur particulière: le cuivre émet une flamme verte tandis que le potassium produit une flamme mauve pâle. C'est ce que nous démontre la grande diversité des flammes colorées.

Oui, les quatre éléments, la terre, l'air, le feu et l'eau, nous offrent des exemples infinis d'effets de couleurs, d'interaction de la lumière et d'éléments tels que des particules d'oxygène, de minuscules bulles d'air, etc. La terre possède ses fleurs, ses fruits, ses minéraux et ses êtres vivants, qui se manifestent par une superbe profusion de couleurs. L'air nous donne son soleil et toutes les couleurs du firmament tandis que l'eau, toujours changeante, nous fait don de ses jeux de lumière sans fin qui la revêtent de subtils coloris.

Sources

1. Birren, Faber *Light, Color and the Environment*, Van Nostrand Reinhold Co, Inc., 1969.
2. Birren, Faber. *Color and Human Response*, Van Nostrand Reinhold Co, Inc., 1978.
3. Birren, Faber. *Color: A Survey in Words and Pictures*, University Books, New York, 1963.
4. Gimbel, Theo. *Healing Through Colour*, C.W. Daniel Co. Ltd., 1980.
5. Birren, Faber. *Color and Human Response*, Van Nostrand Reinhold Co., Inc., 1978.
6. "Science Times", *New York Times*, 19 octobre 1982.
7. Birren, Faber, *Color and Human Response*, Van Nostrand Reinhold Co., Inc., 1978.
8. Rossotti, Hazel. *Colour: Why the World Isn't Grey*, Pelican Books, 1983.
9. "Science Times", *New York Times*, 19 octobre 1982.
10. Gimbel, Theo. *Healing Through Colour*, C.W. Daniel Co. Ltd., 1980.
11. Wilson, Colin. *Access to Inner Worlds*, Rider, 1983.
12. Ostrander, Sheila & Lynn Schroeder. *Psychic Discoveries Behind the Iron Curtain*, Sphere Books, 1973.
13. Rossotti, Hazel. *Colour: Why the World Isn't Grey*, Pelican Books, 1983.

Chapitre 3

La couleur dans notre vie

1. La couleur objective

Le lieu de travail

La plupart des gens s'imaginent qu'ils ne remarquent pas les couleurs qui les assaillent de tous côtés, que ce soit au travail ou ailleurs, sur les affiches publicitaires aux couleurs vives. Tout leur paraît noyé dans un flou général. Pourtant nos réactions sont généralement rapides et les yeux et le corps ont enregistré la présence d'une couleur particulière bien avant d'avoir atteint le niveau de la conscience.

Là où, contraints et forcés, nous passons le plus clair de notre temps, c'est-à-dire notre lieu de travail, nous sommes généralement entourés, à moins d'être particulièrement fortunés, de tons sinistres de beige, crème et gris sale. Heureusement, dans la plupart des grandes entreprises, on devient un peu plus conscient de l'importance de la couleur; on a finalement compris que dans un décor déprimant, on ne trouve habituellement que des employés déprimés. Bien entendu, une certaine activité devant se dérouler sur le lieu de travail, un décor soporifique de lumières douces et tièdes ne convient pas non plus.

Tout dépend en fait du type de travail exigé. Les couleurs mal choisies gênent les employés, les distraient et fatiguent leur vue. Si vous travaillez dans un bureau, par exemple, une couleur froide, neutre et non distrayante permet à la vue de subir en permanence le même degré de stimulation. Votre bureau doit également être d'une couleur neutre. Le gris, par exemple, atténue l'effet des clignements d'yeux, diminuant donc la fatigue oculaire. Lorsque vous levez les yeux, vous devez pouvoir regarder une teinte agréable et relaxante telle que du bleu, du vert ou du turquoise. Trop de blanc provoque l'éblouissement et le rétrécissement des pupilles, tandis que des couleurs trop sombres les dilatent. Le résultat est le même dans les deux cas: la fatigue. Des couleurs douces et claires sont idéales, l'un des murs pouvant fort bien être revêtu d'une teinte contrastante. Le blanc est très fatigant pour les personnes dont les yeux sont facilement irrités. Une page blanche telle que celle-ci suffit pour faire apparaître les symptômes d'irritation. En outre, lorsqu'on regarde une surface blanche après avoir tenu le regard fixé sur une surface d'une couleur puissante, on constate systématiquement l'apparition d'une image fantôme. Les couleurs profondes ne doivent jamais revêtir les murs percés de fenêtres, mais plutôt les cloisons situées derrières les bureaux ou face aux employés. Dans les bureaux, les salles d'étude, les salles de montage de matériel de précision, les teintes froides sont préférables: le gris, le bleu, le vert ou le turquoise. La distraction est moindre et la personne peut se concentrer sur sa tâche.

Cependant, si vous travaillez dans une usine ou un atelier où les activités sont surtout manuelles, vous préférerez sans doute un environnement plus coloré. Depuis quelques décennies, les responsables d'établissements industriels font de grands efforts pour améliorer la qualité de l'éclairage et pour agrémenter le décor de plusieurs couleurs, dans l'espoir d'accroître le rendement des employés. Comme c'est le cas dans un bureau, les ouvriers chargés de travaux précis et minutieux doivent pouvoir reposer leurs yeux sur des couleurs plaisantes mais non distrayantes. Bien qu'il ne soit pas possible, dans cet ouvrage, de décrire en détail les divers arrangements de couleurs que l'on pourrait introduire dans les usines et les bureaux, quelques principes de base valent la peine d'être mentionnés. Faber Birren suggère dans plusieurs de ses livres un arrangement de couleurs qu'il a mis au point pour les usines, et une grande partie de ses théories semblent être couramment appliquées dans les complexes industriels les plus avancés. Certaines relèvent du simple bon sens: les machines doivent être mises en évidence à l'aide de couleurs claires pour que la lumière soit reflétée sur les éléments importants, des bandes jaunes et noires doivent être peintes sur les objets dangereux et les obstacles. L'orange vif convient bien aux appareils dangereux ou susceptibles de provoquer un choc électrique. Le matériel de premiers soins doit être peint en vert vif et l'équipement de lutte contre l'incendie en rouge vif. Le bleu roi pourrait servir à signaler une précaution habituelle. Le blanc, le gris et le noir sont suggérés pour régler la circulation. Enfin et surtout, Birren recommande que les coins soient peints en blanc afin de décourager les gens d'y jeter leurs déchets et pour que ces derniers n'échappent pas à l'attention des balayeurs. Plusieurs de ces idées ont été appliquées dans les compagnies de transport ferroviaire ou routier ainsi que dans d'autres compagnies de services publics.

Dans les usines et les bureaux, on a longtemps négligé l'apparence des toilettes qui sont en général peintes de couleurs sordides sans nul doute dans l'espoir que les usagers ne seront pas tentés de s'y attarder. Mais puisque les hommes aiment le bleu et les femmes le rose ou le corail, l'ensemble des employés apprécierait certainement que ces lugubres endroits soient égayés par une petite touche de leurs couleurs favorites. Les cafétérias et les réfectoires sont aussi particulièrement sinistres mais, revêtus de teintes appétissantes, de couleurs chaudes ou, au contraire, agréablement fraîches, ils pourraient permettre aux employés de se décontracter pendant leur pause.

Les magasins et les restaurants

De nos jours, il existe autant de sortes de magasins qu'il existe de sortes de clients. Par conséquent, les entreprises spécialisées dans la décoration et les arrangements de couleurs sont florissantes. Pourtant, qui n'a jamais pénétré dans un café ou un magasin dont le décor l'a aussitôt incité à en sortir? Il est possible que certaines personnes se moquent d'acheter des vêtements dans une boutique où l'éclairage leur donne l'impression qu'elles sont sorties tout droit d'un sabbat de sorcières ou de prendre leurs repas au coeur de l'Enfer de Dante. Je me souviens d'ailleurs d'un repas dans ce qui semblait être un ravissant petit restaurant. L'éclairage était si atroce que tout ce que nous y avons mangé nous a paru marron. On ne m'y reverra plus!

Les mêmes principes s'appliquent aux magasins de prêt-à-porter et aux épiceries. Un mauvais éclairage, des couleurs négligées, n'encouragent pas les clients à acheter et il est possible que les gérants se demandent pourquoi leurs affaires marchent mal. Des commerçants sensés s'efforcent d'adapter les couleurs du décor à la marchandise. La plupart des magasins de prêt-à-porter masculin sont décorés de couleurs chaudes, sombres, viriles, qui font naître une atmosphère de "club". Les commerçants n'ignorent pas que la majorité de leurs clients ont une mentalité conservatrice et n'apprécieraient guère un décor "féminin" aux couleurs vives. Cependant, pour les boutiques de prêt-à-porter féminin, on aura tout intérêt à revêtir les murs de couleurs différentes car, conditionnées comme nous le sommes à considérer certaines couleurs comme féminines et d'autres comme masculines, nous préférons acheter nos vêtements dans un décor agréablement féminin ou qui donne une impression d'opulence.

Malheureusement, dans la majorité des magasins et boutiques, on ne semble pas comprendre qu'une lumière blanche et crue ne favorisera pas les affaires. Lorsque le client doit se regarder dans un miroir, une lumière chaude, de faible intensité, serait préférable, car c'est dans ces conditions que nous nous regardons dans un miroir une fois rentrés à la maison. D'après Birren, la couleur la plus flatteuse pour le teint est le turquoise. Elle est idéale pour les magasins de prêt-à-porter et les salons de beauté. Un décor blanc nous donne un teint pâteux tandis que le rouge retire tout relief au visage et que le vert Nil nous rend pourpre! Lorsque nous sommes assises sous un séchoir, chez le coiffeur, notre visage a tendance à revêtir une teinte rouge foncé. Pourtant, vous seriez surpris par le nombre de salons de coiffure dont l'éclairage est médiocre et le décor peu flatteur.

En ce qui concerne la nourriture, nous avons tendance à conserver des souvenirs peu réalistes des couleurs. C'est la raison pour laquelle beaucoup d'aliments sont artificiellement colorés. Si vous présentez deux bocaux de petits pois à des acheteurs, vous constaterez que la majorité choisira le bocal de petits pois colorés. Le beurre est coloré de manière à lui donner cette apparence riche, dorée, crémeuse. Les confitures doivent donner l'impression que les fruits viennent d'être cueillis. Certaines couleurs sont douces, d'autres sont épicées et une denrée qui est colorée mal à propos inhibe immédiatement notre appétit. Nous aimons que le vin soit jaune doré, rouge foncé ou rose, car ces teintes nous rappellent les somptueuses grappes de raisins sur les ceps de vigne. Un pain rose ou bleu ne serait guère populaire car nous nous souvenons de ces miches dorées que nous donne le blé mûr. Des couleurs telles que le mauve et le jaune-vert peuvent même provoquer des nausées. Elles ne sont donc recommandées ni dans les épiceries ni dans les restaurants. De nouveau, le turquoise est une bonne couleur. La viande paraît plus rouge et les autres aliments ressortent bien.

Les publicitaires tirent parti de toutes ces associations, nous suggérant que les aliments sont "frais", bourrés de vitamines naturelles alors qu'ils ne sont sans doute que généreusement colorés pour donner cette impression. Les couleurs chaudes et vives sont appétissantes et conviennent bien aux restaurants, notamment à ceux dans lesquels on encourage les clients à s'attarder. En revanche, lorsqu'on désire que le taux de roulement soit élevé, il vaut mieux utiliser des teintes telles que le vert ou le bleu. La couleur des assiettes et des nappes joue un rôle important et la plupart des tons pastel conviennent.

Chez soi

Retournons maintenant chez nous après avoir fait les magasins et déjeuné au restaurant, car c'est à la maison que notre personnalité peut s'exprimer. Quelques principes de base facilitent la décoration mais il est infiniment préférable de laisser libre cours à notre propre goût. Il serait ridicule de se décider pour un arrangement de couleurs simplement parce qu'il est à la mode. C'est vous qui vivez dans le décor que vous avez choisi. Dans les magasins d'ameublement, vous trouverez diverses brochures qui vous donneront des idées sur la décoration de chaque pièce, mais il est important que votre "chez vous" soit imprégné de votre personnalité. Beaucoup de ces décors créés par des professionnels paraissent dépourvus de vie ou carrément claustrophobiques, surtout lorsque rideaux et papiers peints reproduisent le même motif chargé.

Tout d'abord, vous devrez prendre en considération certains facteurs tels que l'utilisation de la pièce, son orientation, la quantité de soleil qu'elle reçoit, et l'atmosphère que vous désirez y introduire: paisible, décontractante ou plus stimulante. Pour qu'une chambre soit apaisante, les couleurs pâles, telles qu'un rose ou un abricot, un bleu ou un vert plus frais, ou un mélange de ces tons, sont recommandées. Si vous désirez que les rideaux et les coussins soient de couleurs vives, un fond neutre est idéal pour les mettre en valeur, mais souvenez-vous que le blanc fatigue les yeux. Dans les pièces où l'on s'active, telles que la cuisine, des couleurs stimulantes sont indiquées à moins que vous n'ayez tendance à vous énerver en cuisinant, auquel cas des couleurs froides seraient préférables!

Les pièces sombres et étroites exigent des couleurs claires, ensoleillées. Bien que les plafonds colorés puissent paraître oppressants dans des pièces de petites dimensions, ils sont très utiles dans les grandes pièces pour les faire paraître moins hautes. Mais n'exagérez aucune couleur. Je me souviens d'un salon entièrement décoré en bleu, la touche finale consistant en un magnifique châle bleu négligemment jeté sur un piano à queue. L'effet était somptueux mais glacial. Inversement, une pièce trop rouge peut irriter certaines personnes tandis qu'une pièce trop verte peut les déprimer. Recherchez un équilibre en associant votre couleur clé à certaines de ses couleurs complémentaires, en variant les tons et les nuances. N'exagérez pas les couleurs trop puissantes et ne tombez pas dans le piège qui consiste à réunir une masse de couleurs qui "vont avec tout". Vous finirez pas vous retrouver dans une pièce couleur de boue ou de poussière!

Si vous êtes extraverti, vous décorerez votre intérieur de couleurs vives, chaudes, de mobilier moderne, quelque peu excentrique. Si vous êtes d'un tempérament tranquille, vous apprécierez davantage les intérieurs traditionnels, aux couleurs fraîches et discrètes. Mais n'essayez pas de modifier votre nature en suivant les conseils des autres, car vous risquez de vous sentir malheureux dans un cadre de vie qui ne correspond pas à votre tempérament. Les personnes explosives ne sont pas nécessairement plus heureuses au sein de couleurs douces qui risquent de créer un sentiment de frustration. Parallèlement, les gens tranquilles risquent de se sentir agressés par un décor criard ou trop à la mode. Les enfants, qui aiment généralement les couleurs vives, sont souvent plus tendus et plus rebelles dans un décor trop apaisant. Dans leur cas, les couleurs gaies fournissent un stimulus extérieur qui contrebalance le tempérament. En revanche, il suffit de placer une personne triste et déprimée dans un environnement trop éclatant pour qu'elle se renferme encore plus dans sa coquille.

C'est à nous de décider si nous voulons un cadre de vie gai et coloré ou frais et paisible. Mais pourquoi ne pas jouir des deux? Souvenez-vous simplement que les couleurs chaudes et lumineuses, le jaune, le pêche, le rose, etc., tendent à diriger l'attention vers l'extérieur, à accroître la vigilance et l'activité corporelle. Ce sont des couleurs efficaces dans des pièces où se déroulent des activités manuelles. Bien entendu, nous sommes tous influencés, dans une certaine mesure, par notre culture et notre éducation lorsque nous choisissons des couleurs. Par exemple, les peuples latins aiment les couleurs éclatantes tandis que les Nordiques préfèrent les teintes douces et fraîches. Dans la zone tempérée, nous disposons d'un plus grand nombre de possibilités. Certains adorent le plein air et s'efforcent de faire de leur maison une clairière en plein bois, par exemple, à l'aide de moquettes vertes et de plafonds bleus; tandis que d'autre préfèrent les décors plus douillets, les "cavernes" confortables et sécurisantes. Certains se satisfont de salles de bains et de cuisines strictement utilitaires. Ils adoptent des couleurs primaires fonctionnelles, telles que le blanc et le noir. Les personnes dotées d'un tempérament plus sybarite préfèrent les salles de bains qui imitent les grottes marines et les cuisines de style provençal qui embaument les fines herbes et le pain qui cuit.

Quel que soit votre choix, souvenez-vous que les couleurs paraissent plus intenses dans des grandes pièces que dans des petites. Les cartes de couleur sont souvent trompeuses. En cas de doute, lorsqu'il s'agit de revêtir une grande surface murale, choisissez plutôt le ton légèrement plus clair que celui qui est représenté sur la carte. Par exemple, une nuance lumineuse telle que le jaune peut être très trompeuse sur un morceau de carton, mais si vous diluez la peinture en y ajoutant jusqu'à 50 pour 100 de blanc, vous constaterez que la couleur de la carte et celle que vous avez obtenue sont identiques. Si vous aimez les couleurs vives, revêtez-en un mur seulement (en évitant celui qui est percé de fenêtres) et vous aurez satisfait votre goût. Si vous préférez les couleurs profondes, sachez que dans une pièce éclairée artificiellement elles sont très jolies pendant la journée mais risquent, une fois la nuit tombée, de provoquer une impression d'écrasement particulièrement étouffante.

Les vêtements

Le même principe s'applique aux vêtements: leur choix est une question de préférence personnelle et de bon sens. Bien entendu, il existe toujours les "petits trucs" traditionnels au sujet des couleurs claires qui font paraître encore plus grosses les personnes corpulentes et des couleurs sombres qui réduisent les personnes minces à l'état de squelette. Les couleurs vives, dit-on, "agressent" tandis que les nuances plus subtiles "reculent". Mais pourquoi une personne corpulente et extravertie qui aime les couleurs éclatantes ne pourrait-elle pas en porter? Elle sera malheureuse si on la force à s'introduire dans des couleurs ennuyeuses, peu stimulantes. Nous sommes tous obligés de porter de temps en temps des vêtements neutres pour des raisons de commodité, sur notre lieu de travail par exemple, mais cela ne devrait pas devenir une habitude. Si vous ne pouvez vous permettre de rafraîchir entièrement votre garde-robe, une écharpe ou une cravate de couleur vive donnera au monde extérieur l'impression que vous êtes au moins en vie!

Évidemment, de nos jours, tout se porte, bien que l'on remarque encore l'effet désastreux que peut avoir sur certaines personnes leur empressement à accepter sans détour le dernier cri! Après tout, il ne s'agit peut-être là que de l'effet recherché. Vous pouvez facilement tenter des expériences à l'aide de teintes inhabituelles, aussi, ne vous limitez pas à la couleur de vos yeux et essayez de modifier un peu votre attitude face à la couleur.

Bien que les vêtements soient, de nos jours, disponibles à bon marché, pourquoi ceux et celles qui peuvent s'offrir de belles choses n'accordent-ils que peu d'importance à l'harmonie des couleurs, se contentant toujours du même arrangement sinistre, ou mélangeant diverses couleurs sans aucun équilibre? Le monde serait plus gai si on se montrait plus audacieux dans son habillement. Vous pourriez même constater une différence en ce qui concerne votre tempérament. Je ne suggère pas que nous nous pavanions à longueur de journée endimanchés comme pour assister à un mariage, mais nous pourrions peut-être réfléchir davantage aux effets conjugués des couleurs, à la manière dont elles s'harmonisent ou non, ainsi qu'à l'effet général. Trop de gens semblent convaincus que des couleurs tristes et mornes indiquent des natures modestes et réservées. Ou bien, elles adoptent le principe malsain "je suis une personne ennuyeuse, donc je dois porter des vêtements insipides". Cette attitude révèle un esprit blasé, qui rejette la couleur parce qu'elle n'est que l'un des éléments d'un monde déjà trop complexe. Pourtant, un petit effort serait suffisant car la personne qui réfléchit ainsi, au lieu d'être confrontée chaque jour à son reflet incolore, se rendra compte que son regard est attiré vers la tache de couleur qu'elle a pris soin d'ajouter à son habillement, égayant ainsi son apparence générale.

Bien entendu, n'oublions pas ceux qui cultivent délibérément le style "Mère nature" ou "enfants de la terre", oubliant que Dame Nature elle-même est responsable de certaines débauches de folles couleurs. La mode "punk" n'est pas du goût de tous mais on ne peut certes pas l'accuser d'être morne! Bien que le monde extérieur nous juge sur notre apparence, les personnes sensées n'ignorent pas qu'il s'agit d'une évaluation parfois sans valeur. Pourtant, notre manière de nous vêtir reflète une partie de notre nature et de notre attitude envers le reste du monde. S'accoutrer sans le moindre soin n'annonce pas seulement le mépris de soi mais aussi celui des autres, à moins, bien entendu, de faire partie de la confrérie des penseurs supérieurs qui estiment qu'un intérêt excessif pour la toilette est la manifestation d'un tempérament frivole qui attache une importance exagérée aux biens matériels.

Si vous aimez les vêtements sobres, soyez sobrement élégant si vous le désirez mais n'oubliez pas cette petite touche de couleur vive. Si vous aimez les couleurs éclatantes, essayez parfois des tons plus subtils. Les autres vous regarderont et, même si vous avez commis une erreur de choix, vous aurez au moins l'impression que vous existez vraiment à leurs yeux!

2. La couleur subjective

Les associations de couleurs

Si nous n'aimons pas une couleur, c'est peut-être parce que nous l'associons à un souvenir déplaisant ou effrayant, un événement oublié depuis longtemps. Les vieilles superstitions ont la vie dure. Le vert est toujours considéré comme malchanceux par certains et on parle parfois de quelqu'un qui est "vert de peur". En outre, la couleur verte symbolise le manque de maturité et la naïveté. Mais c'est l'association avec les "petits bonshommes verts" qui donne à la couleur verte sa réputation de teinte malchanceuse.

Nous aimons parfois une couleur lorsqu'elle revêt une matière particulière. Par exemple, vous aimez peut-être le velours pourpre mais seriez dégoûté par une voiture de cette couleur! Ce qui nous conduit au dicton "être né dans la pourpre" et à la description "empourpré de rage". Le mot "pourpre" est employé dans deux sens bien différents.

Comme je l'ai mentionné plus haut, nous associons les couleurs à la chaleur ou au froid et les personnes tendent à être réparties entre ces deux catégories. Pourtant, il arrive que notre oeil nous trompe car, dites-moi donc quelle est la différence entre un gilet de laine rouge et un gilet de laine bleue? Le premier a l'air plus chaud. Il ne l'est pas. Le bleu semble associé à la solitude et à la dépression. En anglais, le mot "blues" est synonyme de cafard, d'idées noires. C'est de là que vient la musique du "Blues". On parle d'une "peur bleue". "En rester bleu" signifie être figé d'étonnement. Le bleu était la couleur portée par les prostituées et le mot "blue" a gardé en anglais le sens de "grossier", "obscène", voire "pornographique". En allemand, "blau" signifie aussi "ivre" et l'on prétend que c'est parce que l'ivresse rend les images visuelles plus lointaines et plus bleues que la normale[1].

Même les couleurs plus chaudes ont leurs associations négatives bien qu'elles ne soient pas aussi prononcées. Le rouge est la couleur du danger. On parle aussi de quelqu'un qui "se fâche tout rouge" ou qui "voit rouge". Mais la Croix-Rouge évoque l'aide et les soins aux blessés de guerre ou d'accidents.

Le jaune est la couleur de la couardise et autres attributs indésirables. Il est possible que les connotations aient été ancrées dans notre subconscient dès notre tendre enfance pour refaire surface bien plus tard, sous forme de dégoût pour cette couleur.

Par conséquent, si vous avez une couleur favorite ou si vous vous rabattez constamment sur la même couleur pour vous habiller ou décorer votre intérieur, le guide qui suit vous éclairera peut-être sur les raisons de votre choix. Nos préférences changent souvent au cours des années et nous passons par des phases d'une couleur particulière, de bleu, par exemple, à un époque où nous désirons la paix et la stabilité. Par conséquent, avant de lire le guide des couleurs, souvenez-vous qu'il ne s'agit que de principes généraux. Bien que les personnes atteintes de troubles psychiatriques semblent éprouver de violents sentiments d'aversion ou d'attirance pour une ou plusieurs couleurs, la majorité n'est pas si catégorique. Si vous détestez profondément une couleur, il serait peut-être intéressant de découvrir pourquoi, mais cela ne signifie pas que vous feriez bien de prendre un rendez-vous avec le psychiatre le plus proche!

Le blanc: symbole de pureté, d'innocence et de naïveté, possède de fortes connotations de jeunesse et de fraîcheur. Une petite touche de blanc est toujours agréable à l'oeil et, sur les très jeunes filles, le blanc semble généralement approprié et bien porté. Certains groupes religieux portent le blanc pour symboliser la pureté de leur coeur et leur désir d'une vie simple. Cependant, lorsque le blanc est porté en l'absence de convictions religieuses, par une personne qui n'est plus dans sa première jeunesse, il suggère parfois un manque de maturité, un tempérament perfectionniste et idéaliste. Il signifie peut-être que la personne s'efforce en vain de retrouver sa jeunesse et sa fraîcheur perdue. Porté en conjonction avec d'autres couleurs, il évoque une personnalité éveillée et bien équilibrée. Nous avons tous besoin d'un peu de blanc dans notre vie.

Le rouge: c'est la couleur de la force, de la santé et de la vitalité. Elle est souvent choisie par les personnes extraverties, agressives, vigoureuses et impulsives, ou qui aimeraient l'être! Le rouge convient à une nature ambitieuse mais ceux qui le choisissent peuvent parfois se montrer durs et rudes, déterminés à profiter au maximum de ce que la vie leur offre. Leur jugement est parfois impulsif et ils ont tendance à prendre parti. Ils sont généralement optimistes et ne supportent pas la monotonie, étant plutôt agités et s'attendant à vivre constamment à cent kilomètres à l'heure. Ils ne sont pas très portés sur l'introspection et donc, sont peu conscients de leurs propres lacunes. Ils ont du mal à se montrer objectifs et blâment généralement les autres pour ce qui leur arrive de désagréable. Lorsqu'une personne apparemment calme aime beaucoup le rouge, c'est soit parce qu'elle ressent un besoin pour la chaleur, la force, la vie du rouge, soit parce qu'elle dissimule sa véritable nature sous un extérieur sobre. En général, le rouge est choisi par les tempéraments ouverts et peu compliqués, qui aiment la vie et en jouissent au maximum.

Comme c'est le cas pour chaque couleur, une surabondance de rouge est le signe d'un déséquilibre. Si vous êtes porté sur l'introspection, vous feriez bien de vous demander pourquoi vous avez tellement besoin de rouge.

Le marron: l'interprétation de Birren est la suivante: "tempérament passionné, tempéré par la conscience et l'adversité". En d'autres termes, de dures épreuves ont probablement fait mûrir la personne en question, qui est devenue aimable et généreuse. Le marron est la couleur favorite de ceux que la vie a maltraités mais qui s'en sont tirés. Elle indique une personnalité plutôt "rouge", bien disciplinée. La personnalité de quelqu'un qui a connu des difficultés et ne s'en est pas sorti indemne mais qui a mûri.

Le rose: il symbolise les qualités les plus douces du rouge, soit l'amour, l'affection, mais non la passion. Chez les femmes, on associe le rose à l'instinct maternel. Une personne qui aime le rose désire être protégée, traitée comme de la porcelaine, abritée de tout. Elle recherche l'affection et aime être aimée. Elle a également besoin de sécurité. Les connotations du rouge l'effraient et il arrive que le "rose bonbon" porté par des dames aux formes généreuses révèle un désir d'être prises pour des personnes délicates et fragiles. Cependant, c'est une couleur aux connotations chaleureuses et les personnes qui en font leur teinte de prédilection sont généralement charmantes et douces, bien qu'un tantinet insipides.

Le rose se présente sous une grande variété de tons, du riche "fraise écrasée" au rose pâle des fleurs de pommier. Il a sa place au sein de vos arrangements de couleurs, mais une surabondance de rose donne à penser que vous vivez dans un pays de Cocagne où vous voyez toujours la vie en rose.

L'orange: c'est la couleur du luxe et du plaisir, qui plaît aux personnalités flamboyantes et joyeuses, à ceux qui aiment la vie en société. Ils peuvent être portés à dramatiser et les gens les remarquent, mais ils sont généralement bonasses et ils plaisent beaucoup. Cependant, ils n'apprécient guère que quelqu'un d'autre occupe trop longtemps le devant de la scène et risquent de se mettre à bouder. Ils peuvent être superficiels, volages, hésitants mais, dans l'ensemble, ils aiment leurs semblables. Ils sont du type "Salut, vieille branche!" et ne manquent pas de bagout.

Tout en s'efforçant de plaire à tout le monde, ils ne remarquent pas l'effet des coups du sort chez les autres. D'après Harold Bopst [2], l'orange est la couleur de la jeunesse, de la force, du courage, de la curiosité et de l'agitation. Il stimule les couleurs froides telles que sa couleur complémentaire, le bleu.

L'orange est l'une de ces couleurs dont nous ne saurions nous passer, car il ajoute une touche revigorante à nos arrangements de couleurs. L'orange pur peut être trop accentué mais l'abricot, par exemple, contient suffisamment de rose pour être une couleur douce. Au cas improbable où nous rencontrerions une personne désireuse de s'entourer d'orange ou de ne porter que de l'orange, nous saurions que c'est parce qu'elle ressent un besoin des qualités stimulantes du jaune et du rouge.

Le jaune: c'est une autre couleur primaire plutôt populaire. C'est la couleur du bonheur, de la sagesse et de l'imagination. Un goût prononcé pour le jaune révèle un esprit aventureux qui recherche la nouveauté et l'épanouissement. Il s'agit en général de personnes philosophes et intellectuelles, qui sont attirées vers les cultes, le panthéisme et l'occulte. Le jaune évoque une personnalité perspicace mais gaie, dotée du sens des affaires et de l'humour. C'est la couleur de l'intellect et des choses de l'esprit. Les amoureux du jaune sont généralement des penseurs qui ont une bonne opinion de leurs capacités mentales et qui ont des idéaux élevés. Parfois, ils ont tendance à renier les responsabilités, préférant la liberté de pensée et d'action. Ils apprécient aussi l'admiration des autres, qu'ils recherchent plus subtilement que les "rouges" ou les "oranges". Étant une couleur chaude, comme le rouge, le jaune possède certains attributs comparables, mais sur le plan mental, tandis que les attributs du rouge se situent sur le plan physique. Les deux couleurs partagent cependant certaines caractéristiques telles que l'impatience, l'extraversion, bien que les personnes qui aiment le jaune soient parfois timides. Elles ont de fortes convictions et peuvent se montrer bornées et dogmatiques.

Le jaune présente toutefois un côté fortement négatif qui lorsqu'il est exagéré peut être déplaisant. Mais il apporte à une pièce sombre ou à des vêtements tristes une touche de soleil et de bonne humeur. Si vous n'aimez pas le jaune, cela signifie peut-être que vous avez peur de l'introspection, peur de sonder vos profondeurs mentales ou d'être assailli par des idées qui risquent de vous donner l'impression que vous êtes pris au piège. Vous refusez alors de vous laisser accabler par des idées inconfortables. Tant de gens ont peur de rester seuls avec leurs pensées, de s'éloigner du conformisme, d'être pris dans le tourbillon de leur esprit! Une petite touche de jaune leur ferait du bien, car elle jetterait un rayon de lumière sur des régions d'eux-mêmes qu'ils n'ont jamais explorées. La couleur complémentaire du jaune est le violet.

Le vert: couleur de l'harmonie et de l'équilibre, il symbolise l'espoir, le renouveau et la paix. Il a du succès auprès des personnes douces et sincères. Ce sont en général des êtres francs, dotés de l'esprit de collectivité, dont la conception de la vie laisse une grande place à la morale, sans qu'ils soient pour autant prudes. Ils sont relativement mondains mais préfèrent la paix et la tranquillité d'une vie campagnarde. D'ailleurs, ils feraient n'importe quoi pour avoir la paix, avec toutes les connotations négatives que cette attitude comporte. Ils sont parfois trop effacés, trop modestes et trop patients, ce qui conduit les autres à les exploiter. Ils sont en général raffinés, civilisés et honorables quoiqu'ils aient tendance à vouloir un peu trop plaire aux autres. Ils font souvent d'excellents professeurs, un peu trop volubiles toutefois.

Le vert peut aussi être une couleur très déprimante et trop de vert laisse une impression de froideur et de détachement. Si vous constatez que vous achetez régulièrement des vêtements verts, ou que vous vous entourez d'objets verts, cela signifie que vous souffrez peut-être d'anxiété sans en être conscient. Le vert donne l'impression que tout va pour le mieux dans le meilleur des mondes. Il évoque la pérennité et l'harmonie de la nature et vous rassure lorsque vous vous sentez perdu dans un monde hostile. Il faut que vous traitiez cette anxiété et réorganisiez votre vie. Chez vous ou sur vous, essayez d'égayer le vert en l'associant à des couleurs plus chaudes et à leurs nuances. Le rouge étant complémentaire du vert, réfléchissez aux possibilités qu'il offre, plutôt que le jaune qui, associé au vert, désavantage les deux couleurs.

Le bleu: on le considère, en général, comme une couleur favorite, à l'instar du rouge. On peut se plonger dans le bleu, dans ses qualités de compassion, de bonté, toutes les qualités maternelles, douces, féminines et apaisantes. Le bleu permet de fuir la réalité cruelle de tous les jours. Cependant, c'est aussi la couleur de la délibération et de l'introspection, du conservatisme et du devoir. Les amoureux du bleu peuvent être rigides et pharisaïques. Ils croient que leurs intentions sont honnêtes et manipulent parfois la vérité à leurs propres fins. Ils aiment appartenir à un groupe tandis que les "rouges" par exemple, ont une attitude individualiste et audacieuse. Les personnes qui s'entourent de bleu sont sensibles, disciplinées et aiment qu'on les admire pour leur stabilité, leur sagesse et leur sagacité, qui ne sont cependant pas toujours apparentes! Ils aiment les contacts mondains, sont affectueux et fidèles, voire sentimentaux, mais n'ont rien des pionniers de la vie, étant prudents dans tous les sens du terme. Ils possèdent des convictions inflexibles et se soucient beaucoup du qu'en dira-t-on. On peut dire que le bleu symbolise la personne qui a les pieds sur terre (mais pas dans le sens que l'on attribue au rouge), et qui ignore ce qu'elle ne comprend pas. Elle est aussi très douée pour se justifier et c'est là qu'intervient son côté pharisaïque. Les "bleus" sont des amis loyaux, aimant la compagnie mais se méfiant des étrangers, notamment s'ils ont l'air farfelu. Ils pensent que tout le monde doit mener une vie droite et sobre, comme la leur, du moins en apparence. Étant patients et persévérants, ils réussissent dans la vie et font de bons étudiants. Ils sont consciencieux dans leur travail mais n'ont rien de génial.

Finalement, on en vient à se demander pourquoi le bleu est la couleur favorite de tout le monde, n'est-ce-pas? Comme toutes les autres couleurs, il a aussi des aspects positifs et le monde serait bien triste sans le bleu de la mer ou du ciel, le bleu des fleurs et des ruisseaux. C'est la couleur du manteau de la Vierge Marie, la déesse mère, symbole de toutes les qualités féminines positives. Les "rouges" quelque peu excitables préfèrent parfois le bleu en raison de la paix et de la sérénité qu'il promet. Tandis que les faibles désirent ardemment la force, les forts recherchent souvent la douceur et la gentillesse afin de compenser leurs propres lacunes à cet égard. Le bleu offre un soulagement, bien que l'extraverti qui aime le bleu risque de ne pas tarder à se montrer sous "ses vraies couleurs". La couleur complémentaire du bleu est l'orange et les autres qualités qu'on lui attribue sont la sérénité, la dignité, la sensation d'espace, la sobriété, le repos et la paix.

Si vous choisissez trop souvent le bleu, c'est peut-être parce que vous esayez de vous enfouir la tête dans le sable, de sombrer dans l'oubli et de ne plus penser à vos tribulations de tous les jours. Un désir perpétuel de bleu et d'oubli indique un problème ou un conflit, car la plupart des gens aiment que la vie leur réserve quelques petites mésaventures. Dans la mesure du possible, les "bleus" doivent faire preuve de souplesse et d'ouverture d'esprit. Le monde extérieur n'est pas si méchant que ça! Que diriez-vous d'une petite touche d'orange pour vous éclairer?

Le bleu-vert: c'est une teinte très attrayante mais aussi un composé étrange du point de vue des préférences. Birren, Lüscher et d'autres chercheurs semblent penser qu'il s'agit d'une couleur choisie par les personnes ayant une haute opinion d'elles-mêmes, exigeantes et sectaires, voire tatillonnes. Ce sont souvent des personnes équilibrées et attirantes qui inspirent de l'envie à ceux qui n'ont pas été aussi choyés par la nature. Le goût du bleu-vert peut révéler ceux qui reçoivent l'amour au lieu de le donner. Sensibles, intellectuels, raffinés, apparemment confiants et civilisés, ils sont également persévérants et stables mais plutôt détachés. Ils sont en général très compétents et ont tendance à rejeter aide et conseils. C'est une couleur très "Verseau". Les sujets sont toujours désireux d'aider les autres mais avec détachement. Ils ont d'excellentes manières, sont courtois et charmants. Ils s'attendent à recevoir l'admiration, la faveur et le respect d'autrui, qu'ils considèrent comme allant de soi.

De la même manière, les personnes qui choisissent le turquoise sont complexes, imaginatives et originales. Elles exigent beaucoup d'elles-mêmes et sont parfois la proie de tourments intérieurs qu'elles dissimulent sous une apparence de froideur.

Le bleu lavande: c'est une nuance du pourpre et une jolie couleur mais une surabondance produit un effet de froideur qui déconcerte les autres. On l'associe à la vanité, à la féminité exacerbée et à l'éloignement. Elle est souvent choisie par les personnes qui vivent dans des sphères supérieures, qui ne sont jamais en contact avec rien de sordide, sont toujours impeccables et élégamment vêtues. Elles recherchent la culture, les choses raffinées de la vie, les nobles causes, pour autant qu'elles ne se salissent pas les mains et que rien de "bassement matériel" ne soit en jeu. Dans l'ensemble, il s'agit de personnes un peu "précieuses", qui savent cependant se montrer charmantes, spirituelles, civilisées. Elles sont dotées de nombreuses qualités qui les rendent populaires et elles sont très sociables. Elles possèdent en général un tempérament artistique (ou du moins le prétendent) et aiment que leurs relations avec les autres se situent dans la même sphère élevée que la leur. Elles sont très impressionnées par la grandeur. On constate aussi une détermination inébranlable lorsqu'il s'agit de parvenir à leurs fins. Bien que les personnalités "mauves" ou "lavandes" aient tendance à vivre dans un monde de fantasmes, elles possèdent en commun une veine bien cachée de bon sens et un instinct de conservation tout à fait remarquable. Souvent leur talent créateur n'est pas négligeable. On pense au dessinateur de mode quelque peu exotique ou à l'hôtesse qui organise d'élégantes petites soirées où tous les invités sans exception sont cultivés et raffinés.

Le bleu lavande est parfois choisi par des personnes qui souhaitent échapper à des conditions de vie sordides ou qui ont des aspirations bien différentes de leur mode de vie. La couleur complémentaire du bleu lavande est une nuance du jaune.

Le pourpre: voici une couleur réellement flamboyante, bien que peu populaire. Elle évoque le deuil, la solennité, la pompe et la cérémonie. Ce n'est certes pas une couleur facile à porter, étant plutôt "lourde", à moins que la personne ne soit dotée d'une forte personnalité. Si vous préférez le pourpre à toutes les autres couleurs, il est possible que vous souffriez de mégalomanie ou simplement que vous soyez imposant! Le goût du pourpre dénote dans le meilleur des cas un fort désir d'individualité, voire d'excentricité. C'est une couleur généralement associée aux voyantes, du type de Madame Arcarti, noyées sous les colliers et les toges de velours pourpre. Les personnalités "pourpres" sont généralement méticuleuses, spirituelles et sensibles, mais elles ressentent un puissant désir d'être "différentes". Elles possèdent des attributs jupitériens, étant expansives et extraverties, mais elles sont aussi d'une nervosité extrême, capricieuses et se disant artistes. Elles peuvent aussi se montrer distantes, sarcastiques et introverties lorsqu'elles ont l'impression d'être incomprises. Plus intéressées par la culture que par les êtres humains, elles ont souvent une conception "empesée" de la vie. En revanche, ce sont des êtres peu conformistes, tolérants, intéressés par la philosophie et souvent portés à élucubrer sur leurs idéaux sans pour autant entreprendre quoi que ce soit pour les atteindre. Ce sont aussi des personnes pleines de dignité qui aiment occuper des positions d'autorité qu'elles considèrent d'ailleurs comme la place qui leur revient de droit. Ce sont parfois des snobs intellectuels. Bopst considère le pourpre comme la couleur primordiale de toutes les manifestations vitales, la couleur du bourgeon qui s'ouvre, de la première manifestation de l'aurore et du dernier rayon du soleil couchant. Il affirme que le pourpre peut donner naissance à un état d'exaltation puissante suivi d'une irritation aussi intense et, finalement, de la dépression. Il cite l'analogie de son agréable mais immuable: aussi agréable qu'il soit, on ne peut le supporter longtemps.

Si le pourpre est vraiment votre couleur, pourquoi ne pas descendre de votre piédestal de temps en temps en égayant votre palette à l'aide de sa couleur complémentaire, le jaune-vert?

Le brun: c'est un brusque retour sur terre. Le brun est la couleur des personnes fortes et solides, des travailleurs de ce monde, dotés d'endurance et de patience. Ce sont des êtres consciencieux, qui ont le sens du devoir et auxquels on peut se fier. Ils sont stables et conservateurs. Leur cerveau fonctionne peut-être un peu lentement, mais il finit toujours par arriver au but. Les véritables amoureux du brun ne sont pas des impulsifs. Ils ont parfois du mal à exprimer leurs idées et peuvent manquer de tact, mais ils adorent les responsabilités et on peut toujours compter sur eux pour faire le travail dont nul autre ne veut. Par conséquent, ils se font exploiter. Ils constituent ce qu'on appelle "le sel de la terre" et ils sont en général pleins de bonté sauf envers les parasites et les flâneurs. Les "bruns" entretiennent en général leurs affaires financières avec un grand soin et ne croient pas aux vertus de la dépense. Il serait peut-être exagéré de les qualifier d'avares, bien que cet adjectif convienne à certains d'entre eux. Ils peuvent être très obstinés et refusent de changer quoi que ce soit à leurs habitudes ou à leurs convictions. Les personnes qui adorent le brun plus clair sont parfois timides mais généreuses, aiment sentir que les autres ont besoin d'elles et finissent souvent par se transformer en véritable Bon Samaritain. Elles sont débrouillardes mais les efforts, autant physiques qu'intellectuels, les rebutent. Le manque de souplesse et l'absence de faculté d'adaptation constituent leur véritable problème.

Les personnes qui s'entourent constamment de brun trahissent une exacerbation du côté négatif du brun: elles sont laborieuses, ennuyeuses et apathiques. Cependant, le brun est une excellente couleur de base que l'on peut éclaircir à l'aide d'accessoires aux tons plus chauds. Elle peut jouer le rôle de ballast, contrebalançant un arrangement de couleurs qui, sans une touche de brun, serait bien trop exotique.

Si vous vous apercevez que vous ne portez que du brun, même lorsqu'il vous est possible de faire autrement, essayez de l'égayer par des accessoires plus gais. Le brun semble s'associer avec succès à presque toutes les autres couleurs, notamment à des teintes inhabituelles telles que le rose, le turquoise et l'abricot.

Le gris: c'est la couleur de la prudence et du compromis, de l'équilibre entre les extrêmes du blanc et du noir, de la recherche de la paix et de la dignité, sans pour autant épuiser les sources d'énergie intérieure. Ceux qui aiment le gris renoncent à l'enthousiasme et aux choses de ce monde, c'est pourquoi les personnes qui se vouent à une cause, qui travaillent dur sans attendre de récompense, en font leur couleur favorite. Le gris est souvent aimé par les personnes âgées qui souhaitent que la fin de leur vie se déroule sans histoire. Porté par quelqu'un de jeune, il suggère un retrait de la vie, une renonciation aux côtés agréables de l'existence ainsi qu'un effacement de la vie intérieure, une suppression de la personnalité. Les "gris" ont souvent des dons pour les affaires et ont parfois tendance à se surmener. À l'instar du brun, c'est une couleur de base très agréable, qui a cependant besoin d'être ravivée par des teintes chaudes et éclatantes.

Le noir: la couleur du mystère! Elle est souvent portée par les personnes qui veulent justement donner cette impression mais, pour ceux qui sont véritablement raffinés, c'est une couleur digne et solennelle, dépourvue de "m'as-tu-vu". Le port constant de couleurs sombres signifie toutefois la suppression des désirs et des objectifs matériels. C'est un signe de profondeur et d'aspirations cachées. Le noir est très porté par les femmes dans les pays dominés par les hommes où, en apparence, c'est une couleur "pro-

Les couleurs complémentaires

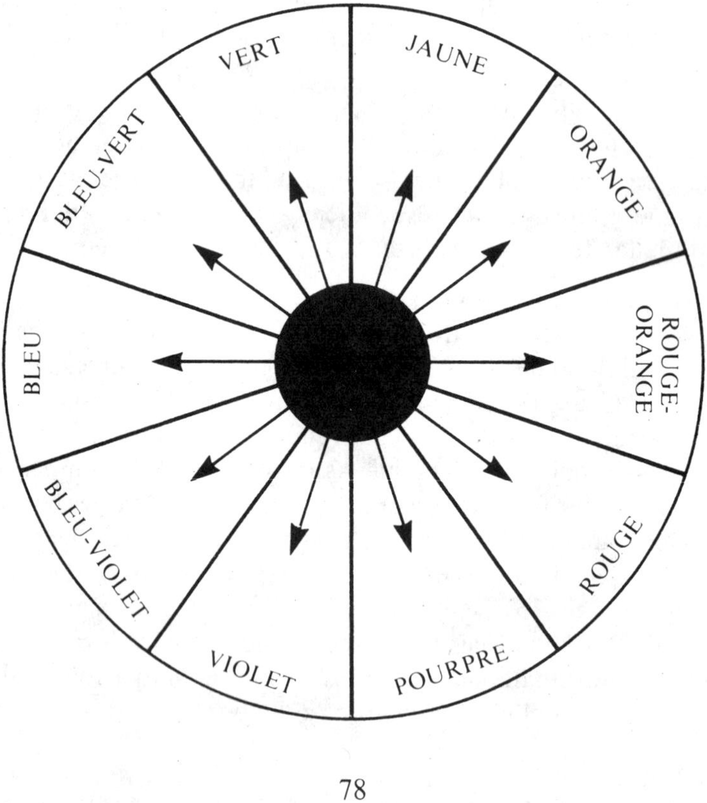

tectrice". En réalité, on a plutôt l'impression qu'elle a pour but d'inciter les femmes à ne s'intéresser qu'aux sentiments élevés, à renier leur personnalité tout en n'existant que pour servir d'épouses et de mères.

Selon la personne qui le porte, le noir peut paraître somptueux ou insipide. Cependant, si vous vous habillez en noir de la tête aux pieds vous risquez de donner l'impression de faire de la publicité pour une entreprise de pompes funèbres.

Les couleurs et la psychologie

Birren fournit des exemples de recherches entreprises par divers psychologues tels que Felix Deutsch, Kurt Goldstein et autres, trop nombreux pour les mentionner ici [3]. Il ressort de leurs études que de nombreuses personnes mentalement ou affectivement perturbées, notamment les schizophrènes, considèrent la couleur comme une intrusion dans leur vie. Ils éprouvent une aversion pour elle et refusent d'avoir affaire à certaines couleurs. En revanche, les personnes qui souffrent d'épuisement ou de dépression nerveuse ne réagissent pratiquement pas à la couleur. Les maniaco-dépressifs, eux, adorent la couleur, du moins pendant les "bons" jours. Le test projectif de Rorschach (les taches d'encre qui sont soit en couleurs soit en noir et blanc) a démontré que les patients déprimés et introvertis ont tendance à rejeter la couleur.

Les anxieux ont une prédilection pour le vert, rejetant les pulsions "rouges" de la haine, de l'agression et de la sexualité. Le chercheur Eric P. Moss [4] estime qu'il n'est guère surprenant que le rouge soit la couleur choisie par le patient maniaque ou hypomaniaque, qui exprime ses émotions à l'aide de cette couleur "brûlante" ou "sanglante".

Le jaune est la couleur de la schizophrénie, la couleur de l'esprit morbide. Chaque fois que nous observons une surabondance de jaune, elle est probablement accompagnée d'un trouble psychotique profond. Prenons par exemple des artistes tels que Van Gogh et Louis Wain (célèbre pour ses dessins de chats) qui, vers la fin de leur vie, tous deux atteints de graves maladies mentales, se mirent à peindre des objets longilignes aux coloris flamboyants.

Le dépressif emploie une palette de rouges foncés et de noirs tandis que le maniaque, dans un état d'exaltation extrême, étale sur sa toile des couleurs vives aux nuances audacieuses, en tourbillons agités. La peinture peut jouer un rôle thérapeutique, en l'occurrence, en permettant au patient d'exprimer ses sentiments sans avoir à lutter avec des mots.

Le brun est associé à la paranoïa, mais on rapproche aussi le bleu de la schizophrénie. Des personnes tendues qui aiment le bleu considèrent souvent que leur environnement est relié à leurs problèmes. Le bleu est également significatif d'émotions profondément refoulées et c'est la couleur de la circonspection.

Il est bien évident que ce n'est pas parce que nous aimons le rouge, le vert, le jaune, etc., que nous souffrons de l'une de ces maladies. Néanmoins, le rouge est généralement choisi par les extravertis tandis que le jaune est préféré par les personnes plutôt intellectuelles, bien qu'on l'associe également à la déficience mentale!

Le vert est souvent choisi par des personnes d'une intelligence superficielle, sociables, bavardes et dotées de vifs appétits. Une surabondance de vert suggère un refuge contre l'anxiété, une fuite vers le sanctuaire vert de la nature.

Une préférence pour le bleu-vert révèle une propension au narcissisme. Cette couleur indique un esprit minutieux, sensible et porté à la discrimination. Ces personnes sont souvent dotées d'un sentiment d'amour-propre et de suffisance très prononcé, qui en fait des patients difficiles à soigner.

L'un des chercheurs dont l'oeuvre sur la psychologie des couleurs est la plus accessible est le Dr Max Lüscher. Son livre, *Le test des couleurs de Lüscher*[5], a été traduit en français et le profane intelligent peut facilement comprendre les instructions précises qui sont fournies pour évaluer non seulement sa propre personnalité mais aussi celle des autres. Comme c'est le cas de toutes les méthodes, celle-ci exige la prudence. Le test ne doit pas être pris pour un jeu de société.

La méthode du Dr Lüscher comprend le choix de huit couleurs, dans l'ordre de préférence. Le test est fondé sur l'arrangement de ces huit couleurs et de leurs relations mutuelles. Si vous faites honnêtement votre choix, votre ego prendra peut-être un rude coup lorsque vous évaluerez votre personnalité. Bien entendu, comme pour tous les autres tests de personnalité, il est difficile de demeurer objectif et de ne pas tricher une fois que l'on connaît en gros la réponse "correcte".

Sans révéler les points principaux du test, il serait intéressant de comparer les découvertes du Dr Lüscher avec celles d'autres chercheurs. Ces tests psychologiques me paraissent parfois un peu négatifs car, quelle que soit votre réponse, vous n'êtes jamais gagnant. Mais il faut garder à l'esprit qu'ils ont été conçus pour des personnes qui ont des problèmes et ne pas désespérer si nous nous trouvons affligés d'une personnalité très imparfaite.

Les couleurs des cartes (telles que le livre les présente) ne sont pas toutes de vraies couleurs primaires. Le rouge tire plutôt sur l'orange, le bleu est très foncé. Le vert contient beaucoup de bleu et le violet beaucoup de rouge. Quant au marron, il est plutôt déplaisant. Le jaune est la seule véritable couleur primaire du lot. Nulle de ces teintes n'est, à mon avis, particulièrement attrayante mais il est possible que l'auteur se soit ainsi assuré de l'honnêteté des patients. Vous pouvez comparer les sens donnés aux choix de couleurs à ceux dont nous avons parlé plus haut et vous constaterez que, dans plusieurs cas, les interprétations sont semblables.

Le rouge possède la plupart des caractéristiques décrites plus haut. Il symbolise "la volonté de gagner et toutes les formes de vitalité, de puissance, de la puissance sexuelle jusqu'à la révolution". Par conséquent, le rejet du rouge (placé dans une position négative au cours du test) signifie souvent un épuisement physique ou nerveux, accompagné de la perte de puissance sexuelle ou de libido, de même que la présence possible d'une cardiopathie ou d'un autre trouble. Les personnes qui donnent au rouge une place prépondérante recherchent les expériences et veulent jouir pleinement de la vie, se lançant parfois dans une activité exagérée. Cependant, cela devrait être tempéré ou confirmé par la couleur qui, dans le test, accompagne le bleu. Quiconque place le rouge dans une position "rejetée" est déjà stimulé au point que cette couleur l'irrite, en raison de l'intensité de problèmes qui lui paraissent insolubles ou trop difficiles. Cette personne rejette donc tout ce qui pourrait lui suggérer la présence d'une tension supplémentaire.

Le bleu est souvent placé dans une position qui lui permet de compenser le rouge rejeté. Ces deux couleurs sont alignées lorsque des soucis professionnels et une cardiopathie sont présents. D'ailleurs, le Dr Lüscher les considère comme un excellent signal d'alarme. Le bleu représente le calme total, et la contemplation de cette couleur a un effet lénifiant sur le système nerveux. Comme d'autres chercheurs l'ont découvert, elle abaisse la tension artérielle, ralentit le pouls et la respiration. Cependant, d'après Birren, il ne s'agit que d'un soulagement provisoire, les troubles ayant tendance à resurgir par la suite, encore plus aigus. Le bleu foncé représente aussi la satisfaction et l'épanouissement, "la vérité, la confiance, l'amour et le dévouement, l'abandon et les valeurs traditionnelles et éternelles". Par conséquent, lorsque cette couleur est placée dans une position prioritaire, elle révèle un besoin de repos et de relaxation. Le sujet désire avoir une chance de guérison. Il souhaite une existence calme et ordonnée, loin des conflits. Lorsqu'elle est placée en "solitaire", cette couleur implique "la tranquillité d'esprit, une attitude calme... et l'intégrité".

Cependant, lorsque le bleu est rejeté, cela indique une anxiété relative à des relations personnelles ou professionnelles et probablement causée par des normes de perfection trop élevées. On constate un désir de repartir à zéro et c'est ce qui provoque le tourment du sujet, ainsi que son agitation.

Le sujet peut aussi avoir du mal à se concentrer, souffrant ainsi de troubles nerveux. Parfois, le rouge est placé dans une position compensatoire, ce qui suggère que le sujet déploie des efforts considérables pour satisfaire ses besoins émotifs, soit par un comportement "libertin", soit en se livrant à des activités dangereuses ou aventureuses telles que l'alpinisme ou la course automobile, bien qu'il me paraisse douteux que tous les fanatiques de ce type de loisirs ne recherchent que la compensation d'une grosse lacune d'ordre affectif.

Le vert est parfois choisi en compensation du bleu rejeté, ce qui suggère un esprit fier et rebelle, désireux d'indépendance. Le vert utilisé dans le test contient beaucoup plus de bleu que de jaune. Il devient donc bleu-vert, la couleur de l'ego. C'est pourquoi quelqu'un qui le place en position prédominante accorde une valeur élevée au "moi", à la conscience de soi et à l'affirmation de soi. Donc s'il s'agit de votre couleur préférée, elle révèle, en fonction des autres couleurs qui l'accompagnent, un désir d'affirmation de soi accru. Vous possédez de vous-même une image idéalisée et vous attendez des autres qu'ils l'acceptent. Vous êtes fier, identique à vous-même et très conscient de votre ego. Pour ces sujets, perdre la face aboutit souvent à des ulcères d'estomac ou des troubles digestifs. Cette couleur possède, bien sûr, ses côtés positifs: les sujets sont souvent obligés de rechercher de meilleures conditions de vie, d'améliorer leur état de santé, etc. C'est à ce moment-là qu'ils prennent l'étoffe de réformateurs! Malheureusement, ils sont aussi portés à faire la morale aux autres tout en demeurant sur leur piédestal. Ils aiment impressionner les autres et préfèrent être admirés plutôt qu'aimés. Mais ceux qui rejettent le vert ou le placent dans une position d'infériorité, ont les mêmes désirs tout en se sentant incapables de les satisfaire. Par conséquent, ils ressentent une pression constante, qui s'extériorise parfois sous la forme d'un trouble cardiaque ou pectoral. Le rejet du vert signifie donc, selon Lüscher, "le désir anxieux de se libérer des tensions imposées par un manque de considération". Dans le pire des cas, les sujets sont malheureux, car leur entêtement fait d'eux-mêmes leurs pires ennemis.

Le bleu est souvent choisi en compensation (à savoir qu'il est placé là où un sujet "sain" placerait normalement le vert) lorsque l'effort n'est pas exigé. La compensation par le rouge révèle une perte de la maîtrise de soi et l'impatience. Le vert placé dans une position "normale" exprime le désir présent en nous tous de pouvoir nous exprimer et d'être reconnus comme des êtres de valeur par nos semblables.

Le jaune est la seule couleur primaire utilisée dans le test. Elle symbolise l'extraversion et la détente. Bien que le jaune accroisse la tension artérielle et accélère le rythme cardiaque et respiratoire, son effet n'est pas aussi prolongé que celui du rouge. Le jaune correspond à la lumière solaire, à la gaieté et au bonheur, bien qu'il possède des caractéristiques quelque peu instables et incertaines propres à l'inconstance. Si le jaune est votre premier choix, il révèle un désir de libération et l'espoir d'un avenir plus clément. Lorsqu'il occupe une position prioritaire, il ne signifie pas seulement que le sujet désire ardemment échapper à ses conditions de vie actuelles mais aussi qu'il appelle le changement pour le changement. Si, comme l'affirme le Dr Lüscher, le vert signifie "persistance et tension", le jaune doit être interprété comme "changement et relaxation".

Lorsque le jaune est rejeté, c'est parce que les espoirs du sujet ont été anéantis et qu'un tourment intérieur a suivi. Cela peut conduire à l'irritabilité et à la dépression, voire au désespoir. Le bleu est parfois choisi à la place du jaune, ce qui indique le besoin de se raccrocher à un univers familier et sécurisant. Si c'est le vert qui est choisi, il est possible que le sujet fasse des efforts pour compenser en recherchant le prestige et une position sociale élevée. Les "jaunes" malheureux souffrent peut-être de troubles du système nerveux sympathique et parasympathique. Le jaune est généralement choisi par les personnes qui ont une tournure d'esprit plutôt intellectuelle mais n'oublions pas qu'on l'associe également à la déficience mentale. Son rejet traduit peut-être un refus de sonder trop profondément ses habitudes mentales et ses sentiments enfouis.

Le violet consiste en un mélange de rouge et de bleu qui entre plutôt dans la catégorie mentionnée plus haut: le monde des fantasmes. La personne qui place cette nuance de violet en position prioritaire recherche la magie et l'éclat, autant chez elle que chez les autres. Bien que cela puisse traduire un certain manque de maturité, il est évident que le monde serait bien ennuyeux sans les sujets "violets". Cependant, on constate chez eux un certain utopisme, un sentiment d'irréalité. Il s'agit souvent de personnes naïves et simples. L'activité glandulaire et hormonale fait souvent naître chez les femmes enceintes une prédilection passagère pour le violet et cela s'applique aussi aux personnes qui souffrent d'un trouble thyroïdien. Pour ceux qui ressentent un insécurité sur le plan affectif, le violet suggère un monde magique où toutes les histoires finissent bien. Le sujet véritablement "violet" est sensible, charmant, capable d'ensorceler les autres et lui-même, mais il refuse les responsabilités.

Le brun: il s'agit ici d'un jaune-rouge foncé. Ceux qui le placent en position prioritaire mettent l'accent sur la condition sensorielle du corps. Le brun est indicateur de sensations physiques et, en fonction de la place qui lui et attribuée, peut révéler un inconfort physique plus ou moins accentué. Les personnes déracinées ou qui ne possèdent pas de foyer le placent souvent en position prioritaire, car il suggère la sécurité et le confort, de même qu'un "chez soi". Il peut donc révéler le besoin d'un confort physique ou le désir de se libérer de quelque chose de douloureux ou d'inconfortable, une maladie, des conflits ou des problèmes insolubles. Lorsque le brun est rejeté, cela signifie que le sujet considère le goût du confort comme une faiblesse. On pense au type "douches glacées et chemise de crin". Mais lorsque le corps est nié, il se venge d'une manière ou d'une autre, probablement en donnant naissance à un type quelconque de comportement compulsif. Souvenez-vous des premiers saints qui étaient constamment en proie à des visions impies! Le brun placé dans une position normale révèle simplement le désir tout à fait ordinaire d'un confort et d'une sécurité raisonnable.

Le gris est la couleur la plus neutre de toutes. Il n'est ni clair ni foncé et représente une sorte de terrain vague qui sépare deux zones. Choisi comme couleur prioritaire, il indique que le sujet veut chasser tout ce qui peut être déplaisant et refuse de s'engager dans un sens ou dans l'autre. La couleur qui est choisie en deuxième place révèle un désir inavoué, représenté par ce choix.

Le gris est cependant un élément normal de notre structure psychologique et ceux qui le rejettent de manière accentuée sont peut-être des personnes qui ont tendance à se mêler un peu trop des affaires des autres, obsédées par la peur de manquer quelque chose. Le gris entouré de deux autres couleurs révèle un désir d'expérimenter, grâce aux caractéristiques de la première, et d'élever un mur devant la seconde.

Le gris placé en position prioritaire suggère que le sujet essaie de se leurrer sur lui-même. Il peut également être caractéristique des personnes qui occupent une position élevée dans le monde des affaires ou au sein d'une entreprise, constituant un besoin que les psychologues considèrent comme né du désir d'échapper à une anxiété injustifiable.

Le noir: il exprime le néant et l'annihilation, le renoncement et l'abandon. Quiconque choisit le noir comme première couleur se sert du renoncement pour protester contre des conditions existantes. Si, par exemple, c'est le rouge qui suit, cela signifie que des désirs exacerbés cherchent à compenser les carences. Si c'est le bleu qui suit, il se peut qu'une tranquillité et une harmonie totales soient désirées afin de redresser la situation. S'il s'agit du jaune, le sujet souhaite un soudain changement de cap, voire un miracle, afin de mettre un terme à ses soucis. Placé dans une position "normale", le noir indique le désir humain, plutôt habituel, de ne pas avoir à abandonner quoi que ce soit et d'être en mesure de maîtriser sa propre vie.

D'après ce qui précède, vous constatez qu'il existe des rapports certains entre les découvertes du Dr Lüscher et celles d'autres chercheurs. La question qui se pose maintenant est la suivante: pourquoi certaines couleurs correspondent-elles à certaines caractéristiques de notre personnalité? Pour y répondre, nous ne pouvons que nous reporter au premier chapitre, qui nous explique par une brève histoire des couleurs comment les préférences et associations furent imprimées dans la mémoire collective de l'humanité: le rouge signifie la chaleur, le sang, la vie et le danger; le bleu symbolise les cieux, la paix, la mère, tandis que le vert évoque la croissance (ou la pourriture). Le jaune représente la chaleur et le bonheur, le blanc est le symbole de la pureté, de la propreté et de la perfection, tandis que le noir évoque le mystère, la mort et l'anéantissement. De nombreuses teintes plus subtiles et caractéristiques sont nées depuis ces temps primitifs mais toutes ont pour fondement les couleurs primaires.

La plupart des personnes normales s'entourent d'un amalgame de couleurs variées. Il serait toutefois intéressant d'explorer les quelques bizarreries dont la nature nous a tous affligés. Des tests tels que celui que je viens de décrire peuvent être très utiles bien qu'ils semblent ignorer le fait que nous ne ferions jamais rien si nous n'étions poussés par des désirs cachés et des tensions intérieures qui nous conduisent parfois à prendre des mesures énergiques. Ce n'est que lorsque ces tensions deviennent insupportables ou lorsque nous avons l'impression de nous trouver dans une impasse que ces tests acquièrent toute leur valeur.

Sources

1. Rossotti, Hazel. *Colour: Why the World Isn't Grey*, Pelican.
2. Bopst, Harold. *Colour and Personality* (E.-U.)
3. Birren, Faber. *Color and the Human Response*, Van Nostrand Reinhold Co. Inc., 1978.
4. Birren, Faber. *Light, Color, and the Environment*, Van Nostrand Reinhold Co. Inc., 1969.
5. *Le test des couleurs de Lüscher*, traduit par Andrée Bajon, Ed. Aubanel, Avignon, 1973.

Chapitre 4

La couleur et notre être

L'existence même de l'aura est encore un sujet très controversé entre ceux qui affirment qu'ils sont capables de la distinguer et de l'évaluer et les autres. Cependant, aux fins de cet ouvrage, il sera plus simple d'admettre qu'elle existe. Je conseille aux sceptiques de jeter un coup d'oeil sur les ouvrages écrits par le professeur Harold Saxton Burr et le Dr J. Kilner.

L'aura (du mot grec *avra* qui signifie "brise") n'est pas un phénomène moderne, inventé par les "voyants" ou les mystiques. Nos ancêtres connaissaient bien l'aura et, très tôt les artistes ont commencé à la peindre autour des têtes de saints et autres personnages sacrés. Il est peu probable que cette idée soit surgie du néant sans aucun fondement réel. Des mots tels que "halo", "nimbe", "auréole", "couronne" décrivent tous les diverses parties de l'aura. L'auréole, par exemple, désigne le cercle de rayons dorés qui se trouve autour de la tête des saints tandis que le halo peut entourer la totalité du corps.

Les personnes dotées d'une grande sensibilité psychique ont souvent décrit le rayonnement qui entourait non seulement les saints mais aussi les personnages ordinaires. Dans la Bible, par exemple, le visage de Moïse descendu de la montagne "brillait tant que tous eurent peur de s'approcher de lui."[1].

Les êtres humains ne sont pas seuls à être entourés d'un rayonnement. Chaque être vivant, chaque élément de la nature l'est aussi. Une pierre semblera entourée d'un halo à peine distinct tandis que l'aura d'un arbre paraîtra plus accentuée. Nous savons que chaque chose vivante émet des rayons électriques et autres. Nous ne pouvons pas les voir mais nous les sentons et il peuvent être enregistrés par des instruments sensibles, au même titre que par des personnes sensibles. D'ailleurs, les personnes sont bien plus sensibles que n'importe quel appareil de précision. Si nous pouvions nous voir tels que nous sommes, c'est-à-dire sous la forme d'une masse tourbillonnante d'atomes, il deviendrait difficile de nous considérer ensuite comme des "corps solides".

Depuis la photographie de Kirlian, on s'intéresse davantage à l'aura et, malheureusement, nombreux sont ceux qui ont commis l'erreur de l'identifier avec les rayons que l'on distingue sur les photographies. Bien qu'ils soient quelque peu semblables aux rayons auriques, ils sont plutôt liés aux émanations électriques du corps et ne correspondent pas à l'aura humaine, à moins qu'on les considère comme la partie de l'aura la plus proche du corps. L'aura est beaucoup plus vaste et plus subtilement constituée. Elle peut être vue et ressentie par ceux qui possèdent la sensibilité nécessaire. La plupart des gens sont capables, après un peu d'entraînement, de distinguer un vague halo aurique mais seuls les "voyants" peuvent aller au-delà.

Distinguer l'aura moyenne peut être difficile, à moins qu'elle ne présente une caractéristique qui la rende perceptible. La densité et la structure des auras sont très variables et même les personnes habituellement capables de les distinguer peuvent connaître l'échec. La partie de l'aura qui est la plus proche du corps se manifeste sous la forme d'une bande étroite de lumière translucide ou d'un blanc laiteux, de 1,5 cm de largeur. À partir de là, l'aura peut s'étendre jusqu'à 60 cm ou plus, en fonction de l'individu. C'est à l'intérieur du corps aurique que l'on distingue les couleurs fluctuantes qui lui donnent son identité.

Fondamentalement, l'aura humaine peut se diviser en trois parties correspondant aux "corps" de base qui résident à l'intérieur et autour du véhicule physique. Il s'agit du corps "éthéré" ou "vital", qui est le plus proche du corps physique et qui, dit-on, le quitte parfois pendant le sommeil ou l'inconscience. Ensuite, vient le corps astral (ce terme peut être trompeur car certaines écoles de pensée le qualifient d'"éthéré") qui correspond au corps émotif. Il donne à l'aura la plus grande partie de sa couleur. Le troisième est le corps mental, qui correspond à l'intellect et à ses attributs. L'aura des femmes est généralement plus facile à distinguer que celle des hommes, peut-être parce que leur corps émotif est plus développé. Elles sont plus à l'aise dans ce mode d'expression que les hommes, qui s'enorgueillissent d'être rationnels, cérébraux et qui, par conséquent, refoulent leurs émotions. En sus de ces trois corps principaux, il existe des corps plus subtils qui correspondent à des niveaux variables de spiritualité. Leurs couleurs ne peuvent généralement être distinguées que de manière intermittente.

La capacité de distinguer une aura est, dans une certaine mesure, acquise. Il est plus facile d'apprendre à voir les auras que le pensent bien des gens et il est même possible que vous les distinguiez depuis des années sans en être conscient. Tout d'abord, il faut être décontracté. Ensuite, regardez légèrement au-dessus de la tête de votre sujet, vers l'infini. N'essayez pas trop fort sinon vous n'y arriverez pas. Un fond neutre, sans couleurs trompeuses, est idéal bien que certains préfèrent un décor sombre. Placez votre sujet contre une porte sans ornement ou un rideau de tissu uni et tenez-vous à environ trois mètres de lui. Il arrive que les couleurs de l'aura soient assez puissantes pour être distinguées sur un fond coloré. Vous pouvez vous entraîner aussi à percevoir l'aura des animaux, des plantes, des arbres, etc. Cela risque de prendre du temps, mais la plupart des gens finissent par être capables de distinguer la fine bande brumeuse qui est la plus proche du corps physique.

Naturellement, il faut éviter de tomber dans certains pièges, le plus évident étant celui des illusions d'optique. Nos yeux nous jouent souvent des tours et nous devons être honnêtes avec nous-mêmes. L'un des problèmes principaux est celui de la fatigue oculaire. Lorsque les yeux se fatiguent, ils distinguent en général un halo bleu-vert autour des objets. Faites-en l'expérience. En outre, les couleurs complémentaires peuvent vous tromper. Une personne vêtue de rouge vif semblera posséder une aura verte. Une personne coiffée d'un chapeau bleu semblera posséder des cheveux oranges. La couleur complémentaire embrasse généralement l'aura. Seule la pratique et les échanges de vues avec des personnes sensibles à l'aura vous donneront l'expérience et la confiance dont vous avez besoin pour être certain que c'est une aura que vous distinguez. Si vous vous familiarisez avec les tours que vos yeux sont susceptibles de vous jouer, vous deviendrez capable de faire un tri.

Cependant, ne désespérez pas si vous ne voyez rien. Il est possible de sentir les couleurs auriques en prenant mentalement la place de votre sujet. Il vaut mieux commencer par un exercice: persuadez un ami de vous servir de sujet et installez-le dans un fauteuil. Ensuite, placez vos mains à quelques centimètres de sa tête et essayez de sentir le rayonnement de cette partie du corps. Vous commencerez par prendre conscience des ondes de chaleur corporelles car la tête émet beaucoup de chaleur. Ensuite, si votre ami est tendu et peu décontracté, vous commencerez à sentir sa tension sous forme de vibrations. Éloignez lentement vos mains jusqu'à ce que les vibrations disparaissent. Vous avez peut-être atteint la limite du corps astral de l'aura. Au cours de cet exercice, vous devrez demeurer calme et décontracté afin de pouvoir vous concentrer sur la pensée des couleurs auriques, en attendant de voir si une couleur précise vous vient à l'esprit. Cela est difficile et exige beaucoup d'entraînement. Ultérieurement, vous devriez être capable de regarder une personne en vous concentrant afin de recevoir l'impression colorée de son aura. Il ne s'agit pas de télépathie, mais plutôt d'un exercice auquel nous nous livrons inconsciemment tous les jours: l'évaluation de ceux qui nous entourent. Essayez de distinguer l'aura d'autant de gens que possible et vous finirez par avoir une idée de leurs variations de largeur et de densité. Certaines auras vous paraîtront envahissantes tandis que d'autres seront très minces et très diffuses. D'autres seront compactes, serrées, repliées sur elles-mêmes. Mais la majorité des gens possèdent une aura relativement moyenne, dont la profondeur se situe entre 50 et 60 cm, et qui entoure le corps en une forme vaguement ovoïde. Des "points froids" ou des émanations inhabituelles signifient peut-être un dommage ou une rupture de l'aura. Nous en parlerons dans le chapitre suivant. L'aura est un mécanisme protecteur très important qui doit être traité avec le même respect que l'on accorde au corps physique.

Notre aura remplit un rôle essentiel: elle nous protège d'une diversité d'énergies plus ou moins subtiles, d'émanations de sources variées, de formes de pensées, d'organismes malsains et de lésions mineures, exactement comme la peau protège les organes internes et le squelette. Au cours des enseignements chamanistiques, tels que ceux qui sont décrits dans les ouvrages de Carlos Castenada et Max Freedom Long, le champ aurique est dépeint comme une masse de fines fibres qui sortent du corps à angle droit. En fonction de l'état de santé et du pouvoir de la personne, ces fibres peuvent s'étendre, notamment à partir de la région du plexus solaire et d'une autre région chakrique, à des fins de contacts télépathiques, de télékinésie (le déplacement d'objets sans moyens apparents), de voyance et autres capacités paranormales. Des quelques cas de manifestation de poltergeist, il est possible que l'expérimentateur utilise inconsciemment son énergie personnelle au moyen des rayons auriques. Un rayon ou une fibre peuvent être étirés jusqu'à un objet ou une personne, pour toutes sortes de raisons. Par exemple, dans l'un des ouvrages de Carlos Castenada [2], le chaman Genaro réussit à s'attacher à des rochers qui surplombent une cascade au moyen des fibres auriques. Il devient alors capable d'effectuer des bons prodigieux, de rocher en rocher, à l'aide de ces tentacules qui le retiennent aussi efficacement que les pattes permettent à une mouche de marcher au plafond.

Plus modestement, il est possible de deviner la force ou la faiblesse des auras d'autrui. On ressent distinctement une résistance lorsqu'on se heurte à un champ aurique très puissant. Les personnes au physique imposant et au tempérament tout aussi énergique ont une aura sur laquelle il est presque possible de rebondir! Rien d'étonnant à ce que les rois fussent détenteurs d'un pouvoir personnel aussi extraordinaire si l'on songe à quelqu'un comme Henri VIII qui, en sus de son redoutable physique, était investi de toute l'autorité de la Couronne, double fortifiant pour une personnalité déjà puissante! On connaît l'histoire du souverain égyptien qui toucha accidentellement l'un de ses courtisans du bout de son sceptre. Le pauvre homme fut convaincu qu'il allait trépasser sur-le-champ à cause de l'effet foudroyant de la puissance royale. Cependant, le pharaon se rendit compte de la torture de l'infortuné et lui parla avec douceur pour le rassurer.

Nous avons constamment des contacts auriques. Certains sont mineurs, d'autres tissent des liens très solides. Bien entendu, tous ne sont pas bénéfiques. Mais ils existent. Nous enregistrons constamment la présence des auras des autres et lorsque nous entrons en contact avec une aura qui nous déplaît, nous nous retirons dans notre coquille pour nous protéger. Si, en revanche, elle provoque une réaction positive, nous nous sentons en harmonie avec elle et sommes automatiquement attirés par la personne en question.

Il est très important que notre champ aurique soit aussi fort que possible. Comment s'y prendre? Nous étudierons cette question plus en détail dans le dernier chapitre mais, en gros, il s'agit d'y penser et d'essayer d'imaginer l'aura comme quelque chose qui entoure le corps, un peu comme un champ de force protecteur tissé autour d'un vaisseau spatial, ou une atmosphère autour d'une planète. Plus nous y pensons ainsi, plus l'aura se renforce. Bien entendu, n'oublions pas les histoires apocryphes d'adeptes dont les auras étaient si fortes qu'elles repoussaient les balles!

Des voyants réellement doués peuvent étudier l'aura d'un individu afin de diagnostiquer une maladie ou d'extraire les secrets de la personnalité du sujet. Pour ces personnes, nous nous déplaçons tous feux allumés, car elles lisent en nous comme dans un livre ouvert. Heureusement pour notre tranquillité d'esprit, il existe peu de gens capables de "voir" aussi profondément en nous, mais, même si vous ne réussissez ni à voir ni à sentir les couleurs, vous pouvez finir par recevoir une impression générale de l'état d'une aura particulière. On remarque une espèce de nuage brillant autour de certaines personnes tandis que d'autres semblent entourées d'un halo plus sombre. En général nous enregistrons inconsciemment ces impressions. La prochaine fois que vous en ressentirez une, essayez d'analyser soigneusement sa raison d'être. Est-ce l'expression du visage de la personne, son attitude ou quelque chose de plus profondément enfoui qui vous fait réagir ainsi?

De Paracelse à Mesmer et de Mesmer à nous, de nombreux esprits scientifiques et intellectuels ont essayé d'analyser l'aura. L'un des chercheurs les plus fréquemment cités est le Dr J. Kilner, spécialiste de l'électricité médicale à l'hôpital St Thomas de Londres. Dans son livre *The Human Atmosphere*, il décrit une méthode qui fait appel à un écran de verre contenant une teinture de cyanine, au travers duquel l'aura humaine peut être perçue. Il affirme que chaque corps humain est entouré d'une émanation qui s'étend dans toutes les directions, sur une largeur pouvant aller de 50 à 60 cm, et de forme ovoïde. L'aura varie d'un jour à l'autre et devient plus difficile à discerner lorsque le sujet est malade. Dans une version révisée de son livre, intitulé *The Human Aura*, le Dr Kilner semble d'avis que l'aura est un phénomène ultraviolet. Il remarque que certaines femmes peuvent modifier à volonté leurs couleurs auriques. Son livre décrit en détail le diagnostic relatif aux champs auriques des humains, lequel est cependant presque totalement ignoré par la profession médicale. De nombreux voyants déclarent que l'aura peut être réellement perçue à travers les écrans de Kilner mais affirment qu'il faut posséder des pouvoirs de voyance pour la distinguer, ce qui ferait du Dr Kilner lui-même un voyant. Il est évident que ce n'est pas tout le monde qui peut distinguer une aura à travers un écran de Kilner, qui n'est peut-être qu'un accessoire d'une valeur surtout psychologique. Des lunettes de Kilner sont également disponibles pour ceux qui désirent faire l'expérience de ces méthodes, bien qu'il soit préférable d'essayer de percevoir l'aura sans l'aide d'un instrument. D'autres recherches pratiques ont été entreprises par Henry Boddington, qui a d'ailleurs conçu lui-même les lunettes en plaçant la teinture entre les lentilles. Le Dr Kilner a été capable de diagnostiquer des troubles et des blessures en étudiant les auras, un peu comme certaines personnes émettent des diagnostics après avoir vu des photographies de Kirlian [3] . Il est possible qu'ici un certain degré de voyance intervienne.

Quelle que soit votre méthode pour enregistrer les couleurs de l'aura, les remarques suivantes vous donneront des idées sur les diagnostics. Cependant, il s'agit d'un sujet très personnel et les diverses interprétations ne doivent être considérées que comme des guides généraux. Il est possible que vous soyez obligé de modifier ou d'adapter certaines évaluations en fonction de vos propres résultats. Dans l'ensemble, elles constituent toutefois une base de travail très fiable. Les couleurs principales de l'aura sont celles de l'arc-en-ciel et vous découvrirez que les interprétations recoupent celles qui ont été données à la suite d'autres recherches sur la couleur.

De nombreux thérapeutes de la couleur travaillent sur les "rayons vibratoires de l'univers" et S.J.J. Ouseley, dans son petit ouvrage documentaire *Science of the Aura* [4], interprète comme suit les sept rayons colorés:

- Violet: pouvoir spirituel
- Indigo: intuition
- Bleu: inspiration
- Vert: énergie
- Jaune: sagesse
- Orange: santé
- Rouge: vie

Nous constatons ici à quel point elles correspondent aux interprétations mentionnées dans les chapitres précédents. Cependant, il s'agit d'une évaluation trop générale pour émettre un diagnostic. Elle possède néanmoins son utilité.

Commençons par le plan le plus matériel: la couleur de la vie. Bien entendu, il est possible de distinguer de nombreuses nuances de rouge qui se présentent avec des degrés divers de clarté. C'est l'expérience qui permet de les interpréter.

Le rouge, dans l'aura, révèle, s'il est éclatant, une abondance de vitalité, de puissance sexuelle ainsi qu'une nature extravertie, généreuse et peut-être matérialiste. Le rouge n'est généralement pas la couleur dominante et peut même n'apparaître que passagèrement, en fonction de l'humeur du sujet, selon qu'il se trouve dans un état de stimulation psychologique, tel que la colère, le désir, etc. Un rouge brouillé ou sombre révèle des sentiments négatifs tels que la haine, la malice et autres passions destructrices. Combiné au noir, il suggère de très déplaisantes caractéristiques. Lorsqu'une personne se met en colère, on imagine que des étincelles rouges sortent de sa tête. Les gens qui sont visuellement sensibles peuvent littéralement assister à ce spectacle, mais ce n'est qu'un effet temporaire qui peut être suffisant pour rompre l'aura au niveau de la tête, provoquer une céphalée ou un sentiment de frustration. Cependant, un beau rouge sain qui apparaît de temps à autre signifie que vous êtes plein de santé et de vitalité.

Les rouge-bleu et les rouge-orange sont des rouges dilués qui sont évidemment influencés par la couleur à laquelle ils se mélangent. Un joli rose foncé est généralement associé à l'amour altruiste tandis que la présence d'un gris terne indique parfois que l'égoïsme a germé. Il existe des nuances encore plus subtiles de rouge mais leur interprétation exige de l'expérience et nombreux sont ceux qui ne sont pas capables d'une analyse aussi poussée.

L'orange est également considéré comme une couleur plutôt matérialiste dans une aura mais, de nouveau, tout dépend de la nuance et du ton. Un orange sale peut indiquer l'égoïsme, le besoin d'être toujours le premier, la fierté et l'obstination. Mais un orange clair, tout en évoquant des caractéristiques matérialistes, dénote la présence d'une ambition normale et représente aussi peut-être la personne qui a les pieds sur terre, qui est peu intéressée par le monde du fantastique. Une nuance agréable d'abricot, mélange d'orange et de rose, évoque une personne équilibrée, gentille, dotée de bon sens. De nouveau, c'est un signe d'énergie: la vitalité physique est combinée à la vitalité intellectuelle (rouge et jaune) mais si l'orange domine l'aura, cela signifie que les qualités adoucissantes du bleu et du rose sont bannies. Un orange prépondérant suggère généralement un tempérament ambitieux et matérialiste, une personne en bonne santé et peu portée sur l'introspection.

Le jaune représente l'activité cérébrale et on le remarque dans la plupart des auras lorsque le sujet se concentre, lit ou écrit, ou se trouve engagé dans une autre forme d'activité mentale. À moins qu'il ne soit un "penseur", le jaune a tendance à apparaître pour disparaître un peu plus tard. Un beau jaune est une excellente couleur, qui peut se transformer en doré si les pensées du sujet se situent sur un plan spirituel élevé. Si votre prêtre a l'habitude de prononcer des sermons intéressants, cela vaudrait peut-être la peine d'essayer de discerner son aura! Les jaunes sales sont suspects. Ils trahissent souvent les soupçons, la jalousie, l'obscurité de pensée ou, dans le meilleur des cas, des rêveries sans but. Les personnes qui ont une aura d'un beau jaune sont en général intelligentes et gaies, compétentes et pleines de ressources. Comme je l'ai mentionné plus haut, le jaune apparaît de temps à autre dans la plupart des auras.

Le vert, à l'exception des tons sombres, est généralement une bonne couleur. Bien entendu, comme c'est la couleur de l'énergie, elle peut aussi révéler une carence. Je me souviens du jour où l'une de mes amies devait donner une conférence. Plusieurs personnes qui "ne voyaient jamais rien" remarquèrent une aura d'un vert vif autour d'elle. En général, l'aura de cette dame était de couleur éclatante, composée de rose, de jaune et de bleu, c'est pourquoi le contraste était saisissant. Cependant, elle venait d'avoir une grippe et son énergie avait beaucoup diminué.

Certaines personnes sensibles considèrent qu'une lumière verte dans l'aura révèle un don de guérison. Selon d'autres écoles de pensée, un vert moyen indique la faculté d'adaptation et un caractère souple (bien que cela dépende de votre interprétation personnelle de ce qu'on appelle un vert "moyen"). Le vert clair traduit la sympathie tandis que les tons plus foncés suggèrent la duperie et la trahison. Trop de vert peut donner une impression négative de détachement et de non-interférence. Le vert et le bleu mélangés trahissent, à mon avis, l'intuition ou, tout au moins, une grande sensibilité.

Le bleu possède plusieurs caractéristiques qui, pour la plupart, suggèrent des qualités positives: l'intégrité, la sincérité, un sens très prononcé de tout ce qui touche à la religion, l'inspiration, la compassion et la gentillesse. Au fur et à mesure que l'intensité du bleu s'accroît, les qualités s'accentuent. L'indigo, par exemple, révèle, dit-on, la présence d'une vie spirituelle tandis que les nuances plus pâles sont évocatrices de qualités telles que l'indépendance et l'idéalisme. La plupart des auras contiennent une bonne quantité de bleu et bien que l'absence de cette couleur ne signifie pas forcément l'absence des qualités susmentionnées, elle révèle plutôt qu'elles se situent sur un plan plus cérébral ou plus physique, selon que la couleur prédominante est le jaune ou le rouge. La personnalité véritablement "bleue" est en général bien équilibrée du point de vue émotif et portée à ressentir les choses. De nouveau, on peut dire que lorsque les couleurs paraissent brouillées ou sales, les qualités positives sont atténuées, leur véritable fonction s'est altérée ou interrompue.

Le violet est la couleur de la conscience cosmique, la couleur qui révèle l'esprit libre et éclectique, capable d'envisager l'univers sans dogmatisme, prenant le passé et le futur en considération, tout en sachant que la vie est éternelle et toujours en pleine évolution.

Il est rare que cette couleur domine une aura. On la remarque plutôt à proximité de la bande extérieure car elle est une extension des corps auriques les plus spirituels. Beaucoup d'adeptes du *New Age* ("l'âge nouveau") possèdent du violet dans leur aura, reflétant ainsi la prise de conscience et l'idéalisme qui caractérisent la venue de l'âge du Verseau.

Le gris. Il est possible de rencontrer des auras entièrement grises, lesquelles ne signifient pas forcément que le sujet est déprimé. Il est certain qu'elles ne révèlent pas non plus la présence de qualités particulièrement palpitantes chez le sujet. Il s'agit, dans le meilleur des cas, d'une personnalité très conformiste, très formaliste, peu aventureuse. Le gris révèle un manque d'imagination bien que les sujets en question fassent parfois d'excellents organisateurs. Ils sont persistants, travailleurs et souvent décrits comme étant solitaires ou "bizarres". Des teintes plus foncées de gris peuvent être attribuées à une dépression grave ou, tout au moins, à une attitude très négative envers la vie. Il est possible que notre aura contienne occasionnellement quelques touches de gris mais cette couleur n'est pas censée demeurer en permanence.

Le noir n'est pas une couleur à avoir dans notre aura! Toutes les auras qui contiennent du noir doivent être considérées comme le reflet de caractéristiques extrêmement négatives. Heureusement, l'aura entièrement noire est rare, la plupart des gens possédant des qualités compensatrices. Cependant, lorsque le noir apparaît en conjonction avec une autre couleur, c'est cette couleur qui indique l'orientation des caractéristiques négatives en question. Par exemple, du noir mélangé à du rouge représente la pire combinaison possible. Elle reflète la haine, la cruauté, les désirs les plus ignobles. Ces sujets sont trop dangereux pour qu'on les approche et il serait même recommandé de ne pas s'attarder davantage pour examiner leur aura mais de prendre la poudre d'escampette tant qu'il en est encore temps. Une aura jaune et noire révèle la présence d'un génie du mal, du type "penseur". Bien entendu, des personnes possèdent parfois des qualités compensatrices étant capables de justifier leurs actes de cruauté face à eux-même, sur un plan purement mental. Après tout, on sait que certains criminels de guerre nazis furent des pères et des époux affectionnés. Une aura verte et noire peut indiquer la tromperie, la jalousie la plus odieuse, l'avarice et, peut-être un grave problème de santé. Une touche noirâtre à un endroit précis de l'aura révèle souvent la présence d'un trouble psychique quelconque, ou d'une "entité", ou d'une "forme de pensée" captives dans le champ aurique. Cependant, toute zone noire présente dans l'aura d'une personne en vie, ou toute entité provenant d'une autre forme de vie, doit être envisagée avec la prudence la plus extrême.

L'argent est considéré comme une couleur mercuriale, plutôt volage. On l'associe habituellement à une personnalité pleine de vitalité mais peu fiable, capable occasionnellement d'éclairs de génie. Cette couleur émane du corps mental et révèle tout le détachement et la superficialité que l'on peut supposer. Elle est parfois associée à un esprit ou à un comportement d'un raffinement excessif. On pense à ces êtres qui "planent", rendant la vie quelque peu difficile aux autres.

Le rose est une couleur plaisante à avoir dans son aura car elle traduit l'amour, l'affection, la gentillesse et la douceur. Trop de rose est peut-être symbolique de la personne qui voit justement la vie en rose mais il s'agit en général de sujets au tempérament chaud et affectionné, qui sont rarement agressifs ou dominateurs. Une bonne dose de rose compense un grand nombre de carences et révèle une personnalité équilibrée lorsqu'elle est mélangée à l'une des autres couleurs positives.

Le brun. Des touches de brun dans l'aura révèlent, dit-on, une personnalité terre-à-terre, des capacités d'organisateur et une conception matérialiste de la vie. C'est la couleur des esprits conformistes et fermés, peu émotifs mais désireux de dominer. Ce n'est pas une couleur heureuse lorsqu'elle est présente en grande quantité dans l'aura. Cependant, l'aura brune typique est sans doute si atténuée qu'elle devient difficile à discerner.

Le blanc est une couleur intéressante dans une aura bien que sa présence soit évidemment subordonnée à l'interprétation personnelle. Selon mon école de pensée, le blanc peut être considéré comme le reflet d'une personnalité qui tient de "l'émetteur" plutôt que du "récepteur". Ces personnes parviennent sans doute à envoyer des messages télépathiques ou des pensées curatives. Elles ont peut-être la capacité de manipuler les divers niveaux énergétiques au lieu d'être manipulées par eux. Le blanc suggère un esprit positif, peu influençable. Les médecins, les exorcistes, les professeurs et tous ceux qui doivent absolument envisager une situation d'un oeil détaché mais compatissant possèdent sans doute une bonne dose de blanc dans leur aura. Mélangé au bleu-vert de l'intuition, le blanc révèle la présence d'une personnalité extrêmement puissante (du point de vue psychique) qui peut combiner toutes ces qualités, en recevant des impressions sur le plan émotif, impression qu'elle est capable d'évaluer sans se sentir personnellement concernée. Elle peut ensuite découvrir froidement une solution qu'elle mettra en application avec confiance. Le blanc traduit souvent la présence d'une bonne quantité d'énergie psychique qui peut être canalisée par les professions susmentionnées.

Souvenez-vous que l'aura fluctue constamment, en fonction de notre humeur et de nos émotions. Elle reflète aussi notre état de santé physique. C'est notre propre rayonnement auroral qui réagit perpétuellement aux stimuli extérieurs, un peu comme l'aurore boréale est fonction des flux de particules qui proviennent du soleil, des vents solaires, des étoiles et planètes lointaines. Des bruits désagréables influent sur l'aura en la faisant clignoter. Cependant si vous être suffisamment décontracté, vous pouvez entendre un marteau-piqueur sans qu'elle ne sourcille! Il est possible que des chocs puissants et soudains provoquent un étirement de l'aura, voire un déplacement ou une rupture partielle, laissant le sujet sans protection, à la merci de tout ce qui peut passer à sa portée. Des bains de soleil excessifs sont néfastes à l'aura qui peut s'étirer en perdant de sa netteté. Vous avez certainement remarqué qu'après un bain de soleil prolongé vous ressentez une sensation de faiblesse. Il serait judicieux à ce moment-là de rendre à l'aura son état normal en essayant de la visualiser autour de vous. L'excès de boissons alcooliques peut avoir un effet semblable, résultant en une sensation très désagréable de dissociation. Les stupéfiants peuvent endommager gravement l'aura, forçant le corps mental à s'ouvrir d'une manière qui n'est pas naturelle et laissant le corps physique à la merci des influences négatives et des intrus tels que les microbes, les virus, etc. Vous imaginez facilement l'effet de tout cela sur les couleurs de l'aura! Il arrive que des dommages irréversibles se produisent à un endroit quelconque de l'aura, laissant un "vide" qu'il faut constamment essayer de combler. De telles déficiences peuvent être provoquées par une maladie ou une expérience traumatisante bien que, dans ce cas, un bon guérisseur soit généralement capable de réparer les dégâts.

Les rêves

L'une des manifestations intérieures de la couleur est celle que nous offrent nos rêves. La majorité des rêves dont nous nous souvenons sont monochromes ou blancs et noirs mais il arrive de temps en temps qu'une couleur particulièrement éclatante nous apparaisse. Cela peut être dû, sur le plan physique, à des interactions chimiques ou électriques à l'intérieur du cerveau. Sur un autre plan, il est possible que cela ait un rapport avec notre capacité innée de percevoir la couleur. Quelle que soit la raison, il serait ici intéressant d'associer l'interprétation habituelle des rêves. Jeremy Taylor, dans son livre intitulé *Dream Work*[5], avance l'idée curieuse que les gens rêvent en couleur la plupart du temps mais que seules les femmes se souviennent de la couleur car elles ont tendance à prêter inconsciemment attention aux domaines des émotions et aux "effets visuels et esthétiques de la vie en état de veille". Il considère aussi que la couleur des rêves dépend beaucoup de notre propre vie émotive et c'est pour cette raison que le rouge est généralement la première couleur décelée lorsqu'on essaie de se souvenir de ses rêves, étant une couleur associée aux émotions primitives les plus puissantes: la fureur, le désir, l'amour, etc.

D'après une expérience scientifique[6], il semble que les couleurs les plus fréquemment perçues dans les rêves sont des nuances de rouge et d'orange. Cela correspond à la théorie de Jeremy Taylor selon laquelle le rouge est la première couleur dont on se souvient, après le blanc et le noir. Les pourpres, les bleus et les bleu-vert ont brillé par leur absence. Six observateurs de sexe masculin avaient été choisis pour cette expérience et tous avaient une vision normale des couleurs. Leurs rêves ont été enregistrés pendant cinq mois. Immédiatement après leur réveil, ils devaient identifier, sur un atlas en couleurs, les teintes qu'ils avaient vues. Ni la portée ni la durée de l'expérience ne semblent suffisantes pour tirer des conclusions définitives et d'autres recherches ont permis d'obtenir des résultats très divergents. Il est possible que si l'on tentait l'expérience avec des sujets de sexe féminin, les résultats seraient entièrement différents car, selon une autre étude mentionnée dans le même article, 51 pour 100 des hommes et seulement 31 pour 100 des femmes ne se souviennent pas de rêver en couleurs. Ce qui suggère que les femmes se souviennent plus facilement des rêves. Cependant, si vous posez des questions à vos amis ou à vos connaissances, vous découvrirez que certains d'entre eux font des rêves colorés et se souviennent de couleurs autres que le rouge. Il serait utile de pouvoir incorporer ces couleurs dans notre interprétation habituelle des rêves. Comme vous le devinez, l'interprétation des couleurs serait sensiblement identique aux interprétations mentionnées dans les chapitres précédents mais un bref rappel serait peut-être utile car il vous permettra d'adapter votre interprétation personnelle au contenu du rêve même.

Le rouge représente, je l'ai déjà dit, la passion, la colère, des sentiments puissants de toutes sortes, la chaleur, la vie et la vitalité. Le sang et le feu sont souvent présents dans les rêves et on pense que le feu indique une situation dont la maîtrise risque d'échapper au sujet s'il ne prend pas garde. Le sang représente la vie et, selon le contenu du rêve, peut être positif ou négatif. Bien entendu, le rouge peut revêtir diverses autres formes: des vêtements, des cheveux, le ciel, etc. Étant donné que nous avons en général tendance à associer le rouge à un danger ou à une situation excitante, il peut suggérer des désirs cachés ou un avertissement. Vous devrez faire appel à votre bon sens. Par exemple, il est évident qu'un gentil feu de cheminée n'a pas les mêmes connotations qu'un brasier rougeoyant. Le premier suggère que vous avez une situation ou un projet bien en main tandis que le second évoque exactement le contraire. Les caractéristiques du feu, qui est volatile, instable mais aussi puissant et plein de vitalité, devraient être prises en considération.

L'orange étant un forme atténuée du rouge, ses caractéristiques ne sont pas aussi prononcées que celles du rouge. L'orange symbolise la santé, l'enthousiasme et la jeunesse. Il semble ajouter une qualité positive à un rêve mais, ici aussi, il convient de prendre en considération le ton et l'orientation générale du rêve. Nous associons l'orange au soleil, à la gaieté. Il est toutefois dépourvu de la chaleur intense du rouge et représente un amalgame de vitalité et de sagesse.

Le jaune peut être une couleur très positive dans un rêve, en fonction du scénario du rêve. Il peut représenter la sagesse, notamment si l'un des personnages apparaît vêtu de jaune ou de doré, personnifiant notre guide intérieur ou l'un des aspects les plus sages de nous-mêmes. Le bon sens est utile pour évaluer les possibilités d'un rêve précis. Un champ de blé doré, par exemple, semble évoquer l'aboutissement satisfaisant d'un projet longuement mûri. Mais une scène de désert, où le jaune dominant suggère un paysage aride, est évocatrice du contraire. Cependant, le jaune est généralement une couleur positive, évoquant la sagesse, la clarté, la lumière.

Le vert est, dans les rêves, un symbole de vie, de fécondité et de créativité. Un champ recouvert d'une herbe somptueusement verte, par opposition avec un paysage pierreux parsemé de quelques buissons épineux, dénote au moins une grande vitalité intérieure ainsi que la possibilité d'un événement positif, d'une récolte. Comme c'est le cas dans d'autres domaines d'interprétation des couleurs, un vert sale ou brouillé suggère que cette heureuse situation est troublée par un nuage noir. En général, le vert est une couleur positive, suggérant que la vie intérieure du sujet est riche d'énergie et de créativité.

Le bleu est rarement perçu dans les rêves mais il est possible qu'on ne s'en souvienne tout simplement pas. C'est une couleur calme, dont il n'est pas facile de se rappeler. Elle représente la spiritualité, l'énergie cosmique et divers degrés de sentiments, en fonction du contenu du rêve. Par exemple, la vision d'une mer ou d'un ciel bleu peut signifier que le sujet reproduit simplement une scène factuelle de tous les jours ou peut avoir un sens bien plus profond. Le bleu associé à l'eau a des connotations émotives et, de même que lorsqu'il s'agit du feu, la différence est considérable entre un petit étang tranquille et un torrent mugissant. Dans le premier cas, le bleu suggère le besoin ou le désir d'une contemplation tranquille. Dans le deuxième cas, il évoque des émotions non maîtrisées, le rêveur courant le risque d'être emporté par des sentiments d'une puissance irrésistible. La coloration bleue ajoute de l'intensité à ces rêves. Le ciel bleu, cependant, apporte une connotation plus tranquille, plus spirituelle au rêve, un sentiment d'élévation, un désir d'atteindre les cieux, les qualités de l'air étant plus légères et plus exaltantes que celles de l'eau. Le bleu ajouté à une scène au départ plutôt terne signifie peut-être une élévation susceptible de raviver une phase plutôt languissante de la vie. Si le bleu apparaît sous d'autres formes — vêtements, yeux, etc. — il ne faut pas oublier de prendre en considération la teneur globale du rêve.

Le violet et toutes ses subtiles variations est généralement inhabituel dans les rêves. On le relie plutôt à l'être intérieur, à moins qu'il ne s'agisse d'un rêve très concret dans lequel vous ramassez un bouquet de violettes, par exemple. Malgré tout, des rêves tels que celui-ci peuvent être interprétés sur plusieurs plans. Rêver de robes pourpres peut indiquer que le sujet aspire au pouvoir ou à la réussite tandis que rêver d'améthystes traduit une guérison. En général c'est une couleur rattachée à la spiritualité et à la vie intérieure.

Le brun apporte aux rêves une qualité négative et terne. Il peut suggérer toutes les caractéristiques terre-à-terre du sol, des roches ou de la boue, ainsi que la possibilité d'être prisonnier dans une ornière. Il peut aussi évoquer tout simplement un labeur régulier et quotidien. Il se peut qu'il évoque une période d'aridité, selon la nuance que le sujet perçoit. Les rêves entièrement bruns sont rares et révèlent peut-être que le sujet s'ennuie ou traverse une période morose.

Le gris, lorsqu'il envahit entièrement les rêves, évoque les situations mentionnées au paragraphe précédent tout en les accentuant. Il révèle un état d'esprit des plus ternes. Cependant, en petite quantité, ces deux dernières couleurs ont leur place dans les rêves normalement colorés.

Le noir ne signifie pas nécessairement quelque chose de négatif. Un chat noir qui traverse le chemin devant nous évoque la chance. Une silhouette humaine de couleur noire représente soit notre subconscient, soit nos instincts sexuels. Les animaux noirs peuvent être soit superbes, soit menaçants, selon leur nature. Tout dépend de l'impression laissée par le rêve. Le noir perçu dans les rêves doit être rattaché aux autres aspects et interprété en fonction de l'impression globale.

Le blanc est rarement perçu seul dans les rêves, à moins qu'il ne s'agisse d'un paysage enneigé. Si vous vous souvenez d'un décor de ce genre, cela indique peut-être que vos émotions sont "gelées" et, si toute la scène est entièrement prise dans les glaces, vous êtes dans de bien mauvais draps! Essayez donc de faire fondre un peu cette neige et cette glace afin que des ruisseaux argents et des prés verts apparaissent!

Les rêves le plus enrichissants sont évidemment en couleurs. Une couleur dominante dans un rêve par ailleurs monochrome évoque un aspect particulier de la personnalité, tandis qu'une gamme de couleurs symbolise l'équilibre et l'harmonie. Alliée à un contenu dans l'ensemble positif, elle constitue le type de rêve le plus agréable qui demeure malheureusement hors de portée de trop de gens.

La méditation

La méditation est une activité différente du rêve bien que certains points communs soient présents. Cependant, la méditation est généralement maîtrisée par le sujet, ce qui n'est pas le cas du rêve en général. Tout en méditant, nous pouvons évoquer une teinte particulière, soit à des fins de contemplation, soit à des fins bien précises, de guérison par exemple. Il ne faut pas oublier les couleurs qui flottent dans notre esprit ou qui sont associées à l'objet de la méditation. La plupart des professeurs de méditation enseignent à leurs disciples d'ignorer ces distractions mais il serait peut-être utile de les mentionner brièvement afin de vérifier leur signification précise sans toutefois y attacher une importance excessive.

Il est parfois intéressant de faire porter la méditation sur une couleur précise. Vous pouvez la percevoir de deux manières: soit comme si elle emplissait votre environnement immédiat, soit comme si elle avait la forme d'un nuage flottant devant vos yeux. Il est également possible de lui donner la forme d'un objet ou d'un être, tels qu'une rose, une coupe, un étang, un arbre, etc. Souvenez-vous que l'objet choisi pour incarner la couleur en question possède ses propres associations symboliques et, si vous désirez seulement contempler une couleur pure, chosissez plutôt une forme géométrique très simple. Les cartes de couleur sont des accessoires très utiles pour ce type de méditation. Regardez une couleur pendant quelques minutes puis, après l'avoir fixée dans votre esprit, essayez de la visualiser mentalement. Puis attendez les images qui vont se présenter à votre esprit.

Un autre exercice intéressant consiste à prendre une carte de couleur sans la regarder puis à la poser sur la table, le dos vers vous. Ensuite, concentrez-vous. Cet exercice, de même que toutes les épreuves qui font appel aux pouvoirs extra-sensoriels, doit être entrepris de préférence en petit comité ou en compagnie d'une autre personne. Les résultats peuvent être vraiment intéressants, susceptibles de vous offrir toute une série d'images symboliques que vous trouverez amusantes à analyser. Vous ne réussirez peut-être pas à découvrir la couleur de la carte mais vous ressentirez certainement une sensation similaire à celles que j'ai décrites dans le chapitre qui traite de la vue sans les yeux.

Un domaine qui permet d'entreprendre des expériences intéressantes est celui des jeux psychologiques. Il ne s'agit pas de méditation dans le sens habituel du terme bien qu'on note certains points communs. Un jeu psychologique est, dans une certaine mesure, un exercice de méditation "parlante" qui force l'esprit à travailler en exerçant plusieurs facultés dormantes.

Ce type d'activité peut être très bénéfique. Vous trouverez certainement intéressant d'incorporer la perception des couleurs ainsi que votre imagination à la liste des autres sens, soit le toucher, l'odorat et l'ouïe. Si vous utilisez la bonne formule, sous la houlette d'un animateur efficace, vous rentrerez chez vous détendu et reposé. Il ne s'agit absolument pas d'hypnotisme car vous demeurez totalement maître de votre propre version du jeu. Mais il est important que le chef de groupe procède très lentement, laissant à ses équipiers le temps de mettre au point leur paysage mental. Voici un exemple typique de ces jeux. Je lui ai donné le nom d'"Éternité".

L'animateur doit suggérer que tout le monde s'installe confortablement les pieds bien posés sur le sol, les mains à plat sur les genoux. Quelques bonnes respirations, accompagnées ou remplacées par un exercice de prise de conscience corporelle, placeront les participants dans l'état d'esprit approprié, éloignant leurs pensées des problèmes concrets de tous les jours. L'exercice de prise de conscience corporelle consiste à détendre successivement chaque partie du corps, en commençant par les pieds et en poursuivant jusqu'au sommet de la tête. Vous pouvez combiner cela avec la fermeture de l'aura, en visualisant une lumière bleue ou blanche autour du corps, surmontée d'un symbole protecteur tel qu'une croix, par exemple. Ainsi, tout le monde se sent détendu mais protégé, tandis que les pensées de tous les jours ont été dispersées. Après un peu d'entraînement, quelques minutes suffisent pour se détendre suffisamment. Ensuite, le chef d'équipe peut proposer un exercice très simple.

Vous marchez le long d'une plage par une belle journée ensoleillée. Le ciel est d'un bleu intense, parsemé de petits nuages d'un blanc cotonneux. La mer scintille. Vous goûtez l'air salé et sentez le sable craquer sous vos pieds. Vous entendez le chuintement des vaguelettes qui viennent s'étaler sur la plage. Vous sentez sur votre peau la chaleur dorée du soleil. Au loin, vous apercevez des falaises blanches, surmontées de touffes d'herbe verte. Tout en marchant, une petite brise vous caresse le visage. Au bout d'un moment, vous arrivez à un sentier qui s'éloigne de la plage pour monter dans la falaise. Il est rocheux mais la pente n'est pas trop abrupte et, tout en grimpant, vous apercevez de petits bouquets de lavande de mer rose et de coquelicots écarlates qui poussent au coeur de la roche crayeuse. Vous surplombez enfin la mer, entouré d'une herbe d'un vert tendre, de pâquerettes, de coquelicots et d'autres fleurs. Vous vous asseyez avec plaisir, vous vous détendez en regardant la mer. La tranquillité scintillante de l'océan, le reflet d'étincelles argent et or, le bleu serein de l'eau, tout concourt à faire naître en vous un sentiment d'éternité, de pérennité et de sécurité totale. Vous continuez à penser dans cet ordre d'idées pendant trois ou quatre minutes tout en vous imprégnant des sensations et des couleurs qui vous entourent. Après ce court moment de repos, vous redescendez sur la plage en suivant le sentier rocailleux, sans cesser de jouir de la qualité de l'air, de la terre, de l'eau et du feu, sans cesser de voir les couleurs autour de vous. Une fois de retour sur la plage, vous jetez un dernier regard vers l'océan avant de laisser la scène s'effacer de votre esprit. Vous êtes de retour dans votre fauteuil, reposé, détendu.

Assurez-vous que vous avez complètement "atterri" en vous étirant et en vous tortillant, tout en imaginant que votre aura vous entoure encore. Il ne serait pas judicieux de demeurer dans les nuages car vous risquez de ne pas prendre garde à la route en rentrant chez vous ou d'éprouver une sensation désagréable de "dissociation".

Ce type d'exercice termine agréablement une soirée de discussion, une séance de thérapie ou de musique. Il améliore vos facultés de perception de la couleur, tout en vous permettant de prendre davantage conscience de choses que vous tenez habituellement comme allant de soi.

Un chef d'équipe dynamique peut modifier la scène en y ajoutant des touches supplémentaires telles que des petits bateaux aux voiles colorées, des tentes de plage aux couleurs vives. Il peut créer un scénario plus complexe. Par exemple, vous pouvez en profiter pour nager ou même canoter. Lorsqu'un des participants avoue avoir peur de l'eau ou être sujet au vertige, le chef doit l'encourager en lui expliquant que chacun garde la maîtrise totale de son image mentale, qu'il peut modifier ou effacer à son gré. L'animateur doit également insister sur le fait que cet exercice procure une occasion merveilleuse d'apprendre à surmonter des craintes irraisonnées et que, par une approche mentale de ce qui lui fait peur, le sujet apprend progressivement à maîtriser ses impressions. C'est ce type d'exercice que l'on utilise parfois en thérapie des phobies bien que les effets secondaires ne soient pas toujours aussi agréables que ceux d'une journée au bord de la mer.

Voici un autre exercice susceptible d'accentuer votre prise de conscience des couleurs, tout en vous laissant pénétrer dans votre propre subconscient. Je l'appelle "La caverne au trésor".

Cette fois-ci, après l'exercice habituel de relaxation, nous nous trouvons devant l'entrée d'une caverne. Ceux qui ont peur des cavernes peuvent emporter une torche ou demander à un lutin de leur tenir compagnie. C'est une jolie grotte, entourée de petites fougères vertes près desquelles court un ruisseau argenté. Vous entrez dans la caverne, qui est légèrement lumineuse afin de vous permettre de voir votre chemin. Il fait frais et le sol est recouvert d'un tapis de sable fin. Les parois sont lisses mais à certains endroits vous apercevez les mêmes petites fougères qu'à l'entrée. Vous avancez dans le tunnel, qui descend progressivement. (Il convient ici de laisser aux participants le temps de descendre tranquillement.) Ensuite le tunnel s'élargit et vous entrez dans une très grande caverne, illuminée par des myriades de points étincelants. Vous y voyez suffisamment pour distinguer, droit devant vous, une nappe d'eau souterraine. Vous vous en approchez puis vous vous asseyez au bord de l'eau en essayant de regarder au fond de la nappe. Elle n'est guère profonde et, sur le fond sablonneux, reposent des milliers de pierres précieuses, améthystes, rubis, perles, saphirs, émeraudes, opales, diamants, topazes, ainsi que plusieurs matières semi-précieuses telles que de l'ambre et du corail. (Vous pouvez soit compliquer, soit simplifier le spectacle, à votre goût.) Vous avez le droit de prendre une seule de ces pierres. Vous plongez la main dans l'eau (essayez de sentir sa fraîcheur) pour en ressortir la pierre de votre choix. Admettons qu'il s'agit d'un saphir. Il est assez gros, de la taille d'une châtaigne. Vous plongez le regard dans ses profondeurs azurées et, comme si vos yeux se perdaient dans une grotte bleue, vous êtes pénétré du même sentiment de pérennité que lorsque vous regardiez l'océan. En même temps, vous ressentez toute la stabilité et le confort de la terre. Vous emportez la pierre avec vous en regagnant l'entrée de la caverne sans manquer de jouir des sensations procurées par la fraîcheur du tunnel dont les murs sont lisses et le sol sablonneux. Vous émergez au chaud soleil pour apercevoir votre chaise, devant l'entrée. Asseyez-vous et revenez doucement sur terre, en utilisant les mêmes techniques que précédemment pour bien "atterrir". Vous avez ramené un souvenir de votre promenade: un saphir. Maintenant, il ne vous reste qu'à compulser un bon livre d'interprétation des symboles (quelques titres sont suggérés à la fin du chapitre). Au cas où vous n'en auriez aucun sous la main, voici quelques remarques sur la signification des pierres précieuses.

- Améthyste: humilité, tranquillité d'esprit, sobriété. C'est la pierre de guérison, qui apporte les rêves et les visions et protège contre l'enthousiasme exagéré.
- Ambre: lumière figée, courage. Elle apporte une protection et un pouvoir magique. Pierre sacrée d'Apollon, on l'appelait aussi "larmes de Freya".
- Corail: arbre marin de la déesse mère, symbole de longévité, de la fertilité de l'eau, des idées et de l'inspiration.
- Diamant: lumière, vie, soleil, constance, innocence, éternité, incorruptibilité, pérennité, éternité de l'esprit.
- Émeraude: immortalité, espoir, jeunesse, printemps, croissance de la prise de conscience spirituelle, harmonie avec la vie.

- Opale: fidélité, intensité de la ferveur religieuse, prière, pouvoirs psychiques, protection contre la colère, purification.
- Perle: chasteté, pureté, symbole de la Lune, du principe féminin, de la beauté qui naît des vicissitudes de la vie.
- Rubis: dignité, pouvoir, amour, passion, beauté, longévité, invulnérabilité, compassion, amour altruiste.
- Saphir: vérité, chasteté, spiritualité, contemplation et dévotion, protection contre le mal, attributs célestes.
- Topaze: bonté divine, fidélité, amitié, amour, sagacité, symbole du Soleil.

Cette liste doit vous donner à réfléchir. Pourquoi avez-vous choisi telle ou telle pierre? La couleur vous a-t-elle attiré ou votre choix a-t-il été dicté par une association précise? À l'aide des interprétations ci-dessus et des significations des couleurs données dans les chapitres précédents, vous devez pouvoir établir un petit dossier utile sur vous-même afin de deviner pourquoi vous aimez une couleur précise. Les pierres précieuses symbolisent traditionnellement la vérité spirituelle et celles que l'on trouve dans une caverne symbolisent la conscience intuitive enfouie dans l'insonscient.

Vous vous demandez peut-être ce que ces exercices ont à voir avec la thérapie par les couleurs. Soyez assuré que tout ce qui décontracte le corps, stimule le cerveau tout en reposant l'esprit est une forme de thérapie. Quel que soit notre état de santé, nous avons tous besoin de temps à autre de quelques "soins" car les tensions de la vie moderne, si variées et si complexes, font de nous des êtres nerveux et anxieux sans que nous en soyons conscients. Une petite pause occasionnelle suffit à nous rappeler nos priorités.

Voici un autre exercice qui vous plaira peut-être. Je lui ai donné le nom d'"Appartenance". Commencez par la relaxation habituelle et imaginez ensuite que vous vous trouvez sur une magnifique plage de sable, aux premières heures du matin, un peu avant le lever du soleil. Tout est calme et vous n'entendez que le clapotis des vaguelettes. Vous distinguez un croissant de lune et des milliers d'étoiles. Lorsque vous vous regardez vers l'horizon, la première lueur de l'aurore éclaire le ciel d'un rose pâle, tandis que le bleu profond de la nuit au-dessus de vous devient transparent. Peu à peu, toutes les étoiles s'éteignent, sauf une, tandis que la lumière de l'aube avance vers vous. La seule étoile qui demeure encore dans le ciel est la plus brillante. Elle jette des feux de couleur vive, rouges, verts, bleus, dorés, comme un diamant. Vous la contemplez, sachant qu'elle et vous êtes liés à jamais, que vous êtes fait de la même essence que les étoiles forgées il y a une éternité, à des milliards d'années-lumière, que vous êtes constitué de la même matière que la grande étoile qui vous envoie ses flèches de lumière, car vous avez tous deux été créés à l'aube de l'univers.

Cette étoile, ce "cousin" cosmique, a un message pour vous. Elle vous envoie un dernier rayon de couleur améthyste tandis que le ciel s'éclaircit. Le rayon vous atteint et, pendant un instant, l'étoile et vous êtes indissolublement liés. Vous connaissez le sentiment d'appartenance à l'univers car vous savez que vous êtes enfant des étoiles et que vous avez autant le droit de vous trouver là, sous ce vaste soleil. Vous êtes à égalité avec lui parce que vous êtes vous aussi un membre de l'univers.

Remerciez l'étoile de son message et, tandis qu'elle s'éteint doucement, retournez-vous pour contempler le soleil qui se lève à l'horizon. Saluez-le comme vous salueriez l'un de vos semblables puis laissez la scène s'effacer de votre esprit. En retournant sur votre chaise, assurez-vous que votre aura est bien fermée et que vous avez "atterri".

Le message que la grande étoile vous envoie ne se présentera peut-être pas sous une forme évidente. Vous ressentirez davantage votre conscience cosmique et il est également possible que quelque chose fasse surface ultérieurement dans votre esprit ou dans un rêve. Vous pourriez essayer de visualiser d'autres couleurs au cours de cet exercice afin de voir si vous obtenez des résultats différents.

Enfin, je vous suggère un dernier exercice qui pourra vous permettre d'évaluer les connaissances que vous avez acquises au sujet de la couleur et de juger si vous êtes capable d'utiliser ces connaissances d'une manière utile. Cet exercice s'appelle "Le château".

Commencez par la relaxation habituelle. Puis imaginez que vous marchez sur un petit sentier qui traverse une prairie, vers un château tout blanc dans le lointain. La journée est chaude et ensoleillée, la prairie est verdoyante, parsemée de fleurs sauvages et vous entendez les grillons et les abeilles. L'atmosphère est sereine. Le sentier vous conduit au château qui est assez grand. Il possède six entrées et, au-dessus de chacune d'elles, est suspendu un magnifique drapeau de soie, dont la couleur varie en fonction de chaque entrée: écarlate, jaune, vert doux, bleu, indigo et violet.

Choisissez une entrée. Vous montez six petites marches puis vous vous retrouvez dans une grande salle dont la couleur dominante est celle du drapeau. Les planchers, les murs et les meubles, de même que la lumière qui filtre à travers les petits carreaux sertis de plomb sont colorés. Vous vous sentez totalement immergé dans la couleur, un peu comme si vous tentiez de la respirer. Essayez de sentir ses qualités, sa chaleur ou sa fraîcheur, sa stimulation ou sa sérénité. Essayez de percevoir l'air environnant comme s'il était coloré. Prenez ce qu'il vous plaît de l'air que vous respirez.

Ensuite, sortez du vestibule par la porte du fond. Montez encore quelques marches avant d'entrer dans une salle de cristal pur qui reflète plusieurs couleurs lumineuses. C'est le coeur du château. Prenez ce qui vous plaît de la couleur environnante et placez-le sous forme de symbole sur une table, au centre de la pièce. Le symbole peut revêtir n'importe quelle forme: fruit, fleur, dessin de forme abstraite. Choisissez-le pour qu'il reflète les qualités de la couleur choisie. C'est le cadeau que vous offrez à votre château. Il demeurera là, en toute sécurité, jusqu'à votre prochaine visite. Ressortez du château et traversez la prairie avant de revenir sur votre chaise, comme à l'accoutumée.

Le château symbolise notre sécurité intérieure, ainsi que tout ce qui est difficile à atteindre. Il contient en général un trésor. Vous pouvez utiliser cet exercice pour percevoir la totalité du spectre. Votre visualisation des couleurs en sera grandement améliorée et vous serez capable de fixer dans votre esprit les qualités associées à chaque couleur. En outre, l'exercice sera probablement suivi d'un sentiment agréable de relaxation et de bien-être, notamment si vous étiez, au départ, d'une humeur plutôt négative. Si vous estimez que votre esprit doit être stimulé, choisissez les drapeaux rouge ou jaune. En revanche, si vous avez besoin d'être apaisé, choisissez le bleu ou le vert. Si vous avez réellement besoin d'élever votre esprit, essayez donc l'indigo ou le violet.

Ce qui ressort réellement de ces jeux psychologiques, et de la technique très simple de méditation que je viens de décrire, dépend de votre propre interprétation. Il est donc important de ne pas demander à quelqu'un d'autre d'interpréter vos symboles pour vous, à moins que vous ne soyez vraiment incapable de trouver la réponse. Sinon, l'exercice perdra toute sa valeur. La contemplation d'une couleur particulière peut faire jaillir à l'esprit des scènes et des symboles de nature personnelle, dont personne ne peut connaître le contexte. Le bleu, par exemple, peut éveiller des souvenirs et faire apparaître des associations qui pourraient vous surprendre par leur profondeur ou par leur banalité. Cependant, tout est digne d'intérêt. Ce type de méditation, bien que fort simple, peut vous permettre de jeter un coup d'oeil d'une valeur inappréciable à l'intérieur de votre jardin secret.

Sources

1. *L'Exode*, 19-30.
2. Castenada, Carlos, *Les Enseignements d'un sorcier yaqui* (A separate reality) traduit de l'anglais par Marcel Kahn, Gallimard, Paris 1973.

3. Moss, Thelma. *The Probability of the Impossible*, RKP, 1976.
4. Ouseley, S.G.J. *The Science of the Aura*, L.N. Fowler & Co Ltd, Londres, 1949.
5. Taylor, Jeremy. *Dream Work*, Fowler Wright Books Ltd., 1983.
6. Padgham, Charles A. *Colours experienced in dreams*; British Journal of Psychology, 66, 1, pp. 25-28, 1973.

Autres lectures

Burr, Harold Saxton. *Blueprint for Immortality*, Neville Spearman, Londres, 1972.

Castenada, Carlos. *L'herbe du diable et la petite fumée: une voie yaqui de la connaissance* (The Teaching of Don Juan: A Yaqui Way of Knowledge), traduit de l'anglais par Marcel Kahn et Nicole Menant, Le Soleil noir, Paris, 1972.

Castenada, Carlos. *Le voyage à Ixtlan* (Journey to Ixtlan), traduit de l'anglais par Marcel Kahn, Gallimard, Paris, 1974.

Kilner, Walter J. *The Human Aura*, University Books, New York, 1965.

Long, Max Freedom. *The Secret Science Behind Miracles*, Huna Research Publications, Vista (Californie), E.-U, 1948.

Russell, Edward W. *Design for Destiny*, Neville Spearman, Londres.

Life Outside the Physical Body, *Colour and Reincarnation*, the Atlanteans, 1975.

Chapitre 5

La couleur qui guérit

La guérison par les couleurs, quelle que soit la méthode appliquée, est populaire depuis les premiers âges, où l'on utilisait la couleur pour des raisons symboliques. Les Égyptiens, les Babyloniens, les Assyriens prenaient des bains de soleil thérapeutiques et un culte du soleil et des "bains d'air" très élaboré existait en Grèce et à Rome. Les Germains tenaient en haute estime le pouvoir thérapeutique de la lumière solaire et adoraient le soleil levant. Quant aux Incas d'Amérique du Sud, ils vouaient un culte au soleil, que l'on appelle l'héliothérapie[1]. Il est donc évident que ces peuples disparus étaient aussi conscients de la valeur thérapeutique du soleil que nous le sommes aujourd'hui. Peut-être pensez-vous que cela n'a pas de rapport direct avec la thérapie des couleurs? Souvenez-vous que la lumière solaire se décompose en sept couleurs pour former le spectre.

L'idée d'utiliser des couleurs particulières sous forme de rayons lumineux pour soigner des troubles précis est probablement née de l'utilisation de plantes, fleurs, pigments, etc., d'une couleur correspondant à la maladie en question. Par exemple, des fleurs rouges servaient à traiter une maladie du sang. Tandis que cet aspect de la médecine se développait, quelqu'un eut la brillante idée d'utiliser des rayons de lumière colorée pour obtenir le même résultat.

Au cours du premier siècle après J.C., Aulus Cornelius Celse rédigea un certain nombre de livres de médecine dans lesquels il faisait allusion à divers baumes et plâtres de couleur, verts, noirs et blancs. Claudius Galien, médecin grec de Marc-Aurèle, qui était aussi un écrivain éminent, mentionne la couleur dans ses traités. Plus tard, Avicenne, philosophe et médecin arabe (980-1037) écrivit un livre, *le Canon de la médecine*. Il estimait que la couleur était un facteur important du diagnostic, étant évocatrice du tempérament humain et de la condition physique du corps. Par exemple, il affirmait que si le patient fixait du regard un objet rouge alors qu'il était en train de perdre du sang, l'hémorragie risquait d'empirer. À l'instar de Celse, il utilisait des fleurs colorées pour confectionner ses remèdes, faisant correspondre la couleur à la maladie en question. Puis vint un chimiste et médecin suisse-allemand, Theophrastus Bombastus von Hohenheim, qui prit le nom de Paracelse. Il bâtit des théories fort avancées pour l'époque mais ne manifesta pas une opinion très favorable à Galien et d'Avicenne; il alla jusqu'à brûler publiquement leurs écrits! Cependant, la couleur entrait dans la composition des nombreux remèdes qu'il prescrivait, de même que la musique, les herbes, les saignées, les purgations, etc.

Depuis, de nombreux adeptes de la médecine des couleurs ont surgi, d'une crédibilité très variable, le plus connu étant Edwin D. Babbitt. Il reçut un accueil enthousiaste de la part de beaucoup de gens, mais fut sévèrement critiqué par la profession médicale. Son livre, *The Principles of Light and Color* (1878), fit sensation. Il affirme avoir guéri plusieurs maladies à l'aide de la lumière solaire filtrée par des panneaux de verre coloré. Il inventa et commercialisa des accessoires utilisés pour la thérapie des couleurs, tels que des "Chromo-Disks", des "Chromo-Flasks", un meuble appelé "Thermolume", ainsi qu'une espèce de fenêtre de verre coloré qui pouvait servir aux mêmes fins. Il établit une liste des correspondances entre les couleurs et les éléments et minéraux. Sans être le plus éminent dans son domaine, Babbitt fut cependant l'un des artisans les plus enthousiastes de la thérapie par les couleurs. Il estimait que le bleu et le violet possédaient des qualités apaisantes et il les considérait comme très utiles pour soigner des troubles inflammatoires et nerveux. Selon lui, une combinaison de bleu et de blanc s'avérait efficace contre les rhumatismes et la sciatique. Vous constaterez, en lisant la suite du chapitre, que ces théories ne correspondent guère à la pensée moderne. À l'instar de beaucoup d'autres, il estimait que le rouge avait un effet puissant sur le sang, étant très utile dans les cas de paralysie, tandis que le jaune et l'orange stimulaient les nerfs. Diverses combinaisons de ces couleurs étaient utilisées pour soigner des maladies plus complexes. De nombreux thérapeutes continuent cependant d'appliquer ses principes fondamentaux. Certains ont même élaboré leur propre version des découvertes de Babbitt. Naturellement, la controverse n'est toujours pas éteinte et, bien que les appareils et remèdes chromothérapeutiques de Babbitt ne soient pas légalement autorisés dans son pays d'origine, les États-Unis, en Grande-Bretagne, un grand nombre de thérapeutes utilisent et vendent des accessoires identiques.

À ce stade, quelques mots sur les "rayons cosmiques" seraient peut-être utiles. De nombreux thérapeutes parlent de ces rayons qui peuvent sembler plutôt déroutants aux non-initiés. Il s'agit simplement des rayons du spectre lumineux: les couleurs de l'arc-en-ciel. On considère que chaque rayon possède certains attributs, lesquels correspondent assez exactement aux interprétations des couleurs données plus haut. De nombreux guérisseurs ajoutent aux sept rayons du spectre le brun, le gris, le blanc et le noir, ainsi que plusieurs nuances d'une couleur particulière. Pour ne pas compliquer les explications, nous n'identifierons ici que onze rayons.

Lorsqu'un thérapeute travaille avec un certain rayon, il a l'intention d'utiliser toutes les caractéristiques positives connues de ce rayon et, pour les renforcer, des munitions supplémentaires sont employées sous forme de plantes, de fleurs, de légumes, de fruits, d'eau de cette couleur, ainsi que de lampes, voire de vêtements colorés. La plupart des divinités sont associées à l'un ou l'autre rayon et c'est pourquoi ceux qui pratiquent un rituel quelconque estiment qu'il est essentiel que tous les instruments utilisés soient de même couleur. D'autres considèrent qu'il suffit de visualiser avec force la couleur, et bien qu'il ne soit pas nécessaire de penser à chaque reprise "le rouge, c'est la chaleur, la vie, l'énergie, etc.", la personne qui utilise les rayons doit évidemment avoir une idée de ce qu'ils représentent. En résumé, dire que l'on travaille avec les rayons cosmiques est simplement une manière ampoulée de décrire l'utilisation des principes de la couleur. Commençons par les plus simples.

Le rouge: il comprend toutes les nuances, tous les tons, du rose au marron. C'est le rayon de la volonté et de la puissance, de la vie, de la vitalité et de l'énergie. Il est aussi le symbole des batailles, de la guerre et du sang. Les qualités du rayon rouge se retrouvent dans le symbolisme des mouvements religieux et spirituels, représentant la lutte contre le mal. On parle beaucoup de personnes qui sont "dans un certain rayon". Si vous avez l'impression d'être dans un rayon rouge, cela signifie que vous avez des qualités de pionnier ou de chef, ou que vous aimeriez les avoir! Le rouge est considéré par certains thérapeutes comme un remède puissant des maladies du sang et de la circulation, de la débilité générale et de la dépression. Il inspire l'héroïsme et le courage.

L'orange: c'est le rayon que l'on associe à l'énergie. Il présente quelques caractéristiques dérivées du rayon rouge, car il permet de rattacher la pensée (jaune) à l'action (rouge). L'orange permet de discipliner et de maîtriser les attributs les plus fougueux du rouge et l'on peut dire que c'est une couleur plus "pratique" que le rouge. Cependant, il doit être utilisé avec prudence car les personnes qui en ressentent des effets bénéfiques ne sont pas nombreuses. Les patients nerveux doivent l'éviter. On pense qu'il peut être utile dans le cas des maladies de poitrine, des dépressions, des maladies du rein et des troubles digestifs.

Le jaune: c'est le rayon de l'intellect, de la créativité mentale, de la préférence pour l'activité cérébrale par rapport à l'activité physique. On estime qu'il a un effet stimulant sur les nerfs, étant relié au vaste centre glandulaire qui se trouve au niveau du plexus. Les personnes qui sont "dans" des rayons jaunes sont généralement des penseurs extrêmement rapides. C'est aussi la couleur de la sagesse bien qu'elle présente quelques connotations négatives. Dans l'ensemble, c'est un rayon très stimulant. Il exerce une puissante influence sur le système nerveux et il est considéré comme approprié dans une pièce où se déroulent des activités cérébrales. Certains thérapeutes l'utilisent pour soigner des maladies de la peau et des nerfs.

Le vert: c'est le rayon de l'équilibre, de l'harmonie et de la sympathie, de la faculté d'adaptation et de la diplomatie. Utilisé avec sagesse, il doit régler certaines situations en permettant de parvenir à un compromis approprié. C'est aussi un bon tonique pour des nerfs fatigués et sa qualité changeante permet de prévenir la monotonie. Il existe cependant un danger: les personnes soignées par rayons verts risquent de se retrouver "prises entre deux feux". Le vert étant un mélange de bleu et de jaune (amour-sagesse), on estime qu'il influence la région cardiaque, permettant de traiter et de soulager des troubles émotifs de même que des céphalées nerveuses. C'est, pour une large part, la couleur de notre planète et la simple vue d'un pré verdoyant, d'arbres et de plantes, peut avoir un effet très apaisant. Cependant, il se peut qu'il n'ait pas une influence aussi positive chez les personnes extrêmement nerveuses qui se trouvent dans la position de quelqu'un que l'on obligerait à vivre à la campagne alors qu'il aurait plutôt besoin de la stimulation d'un environnement urbain. Parfois, la force de la nature écrase les personnes qui ne sont pas très équilibrées et c'est pourquoi, bien qu'il s'agisse d'un rayon d'énergie inépuisable, on doit l'utiliser avec précaution.

Le bleu: généralement considéré comme le rayon de l'amour, sur le plan le plus noble. Il symbolise l'harmonie, la vérité, la sérénité, et permet d'élever la conscience sur un plan spirituel. Il apaise et calme l'esprit mais c'est un rayon plutôt froid, que l'on peut utiliser pour purifier, pour combattre la fièvre, les hémorragies et les troubles nerveux. Toutes les qualités du bleu précédemment mentionnées sont réunies dans ce rayon qui n'est dépassé que par son homologue indigo, le rayon de la spiritualité, de la dévotion, de l'intuition et du dévouement. Il contient une touche de mystère et peut parfois paraître froid et sans passion mais un véritable indigo, tel que celui d'un ciel vespéral, suggère une lumière intérieure dont la qualité compense les attributs les plus froids. C'est un rayon astringent, purificateur, qui, dit-on, exerce un effet sur les organes de la vue, de l'ouïe, et de l'odorat. On l'utilise par conséquent pour soigner les maladies des yeux, de l'oreille et du nez.

L'améthyste: c'est le rayon que l'on associe au cérémonial, au rituel et à la magie. C'est aussi celui de l'équilibre spirituel et mental. Il est utile pour apaiser des eaux troublées. Il exerce un effet sur ce que l'homme a de plus noble en lui et il peut guérir et purifier l'esprit, favoriser le sommeil et le développement des pouvoirs psychiques. Les rares personnes qui sont "dans" un rayon améthyste sont les porteurs de paix de ce monde.

Le pourpre et le violet viennent ensuite. Ils contiennent davantage de rouge (volonté et pouvoir) et évoquent des qualités de spiritualité et de tranquillité. Il n'est donc pas surprenant qu'ils soient utilisés pour les rituels, séculiers et religieux. À l'extrémité la plus modeste, ce rayon peut indiquer la fierté et la pompe, mais à l'extrémité violette il est lié à la conscience la plus noble et la plus évoluée. Rien d'étonnant qu'il éloigne les mauvais esprits, comme vous le verrez plus loin. On utilise le violet pour soigner des maladies mentales et nerveuses, la névralgie, les rhumatismes et l'épilepsie.

Le brun: il ressemble au vert car c'est le rayon de l'équilibre. On doit cependant l'utiliser avec modération. Il correspond à la concentration et à l'acquisition de la connaissance. C'est un rayon plutôt lourd mais de petites doses sont essentielles pour ramener sur terre une personnalité qui s'en éloigne ou pour maîtriser une situation qui nous échappe.

Le gris: le gris argenté est le rayon de la paix. Les nuances plus foncées évoquent la persistance et la lutte spirituelle. Certaines personnes semblent vraiment être dans un rayon argenté: elles présentent des caractéristiques typiquement mercuriales, étant insaisissables et volages. Lorsque le rayon est d'un gris plus foncé, il signifie qu'elles sont tout aussi difficiles à atteindre mais que les vibrations sont plus denses.

Le noir: bien qu'il ne soit évidemment pas utilisé en thérapie orthodoxe, il a sa place parmi les autres rayons. Sa raison d'être est d'absorber et de dissimuler secrètement, un peu comme la couleur noire, absorbe toutes les autres couleurs, n'en laissant échapper aucune. Ses qualités restrictives et protectrices sont utiles à ceux qui désirent que leurs secrets demeurent cachés aux yeux des non-initiés. Si vous êtes dans ce rayon, il se peut que vous soyez un magicien débutant d'un ordre très secret!

Vous venez de lire une interprétation simplifiée des rayons colorés. Ce n'est pas parce que vous aimez une certaine couleur que vous vous trouvez dans le rayon correspondant. Un examen de conscience et probablement un ami sincère vous feront découvrir celui dans lequel vous vous trouvez. En réalité, nous sommes, pour la plupart, portés par un mélange de rayons, l'un d'entre eux étant peut-être prédominant. Ceux qui désirent approfondir le sujet trouveront quelques suggestions à la fin du chapitre.

J'espère que ce qui précède vous donnera une idée de la manière dont on a recours aux rayons cosmiques. Pour fins thérapeutiques, toutes leurs propriétés — mentales, physiques et spirituelles — peuvent être mises à contribution.

Équipement matériel

L'un des chromothérapeutes les plus connus en Grande-Bretagne, Theo Gimbel, dirige l'Hygeia Clinic, à Gloucester. Il a publié un certain nombre d'ouvrages sur le sujet et ses théories sont particulièrement intéressantes. Son père, Max Gumbel-Seiling, avait travaillé avec Rudolf Steiner entre 1912 et 1925. Tous deux ont mis au point un système de couleurs d'usage pratique, par lequel les couleurs appropriées sont utilisées pour suggérer la spiritualité; le noir et le gris, une situation sombre ou macabre, le rouge une activité joyeuse, le bleu de la sympathie, du dévouement, etc. Le blanc évoque des anges et des jeunes mariées tandis que le noir rappelle un prêtre, un juge ou le diable! Le gris est évocateur des fantômes, du crépuscule et de l'aube, ainsi que de tout ce qui se trouve entre les deux. Le violet symbolise la magie et les états mystiques tandis que le brun ramène à la réalité et aux choses matérielles. L'Anthroposophical Society, fondée par Rudolf Steiner, a entrepris des recherches considérables sur les divers types de thérapie des couleurs, notamment dans le domaine de l'expression artistique. Theo Gimbel a été très influencé par ces travaux ainsi que par ceux de Babbitt, mais il a incontestablement poursuivi la recherche au-delà afin d'élaborer son propre système exhaustif. Il affirme par exemple que les enfants, jusqu'à l'âge de trois ans, perçoivent les complémentaires des couleurs réelles. C'est-à-dire donc que lorsqu'ils regardent du vert, il voient du magenta. Il estime donc que les femmes enceintes doivent porter du blanc, de l'orange ou du rouge car ces couleurs ne gênent pas la perception naturelle (inversée) de l'embryon. À l'état de foetus, la seule couleur que nous percevons serait donc un bleu profond. Cela rejoint dans une certaine mesure les théories du Dr Bucke sur l'évolution de la perception des couleurs et expliquerait pourquoi le bleu est une teinte si importante dans laquelle nous aimerions tous nous plonger pour soulager les tensions. Elle signifierait que nous désirons retourner dans le sein maternel.

Gimbel affecte également plusieurs couleurs aux diverses parties de la colonne vertébrale en donnant les associations correspondantes avec les notes de musique et l'astrologie. Il estime que le rapport entre la colonne vertébrale et le son de la totalité du squelette humain est très important. Parmi les accessoires qu'il utilise, se trouvent seize filtres différents qui sont des éléments du traitement dans la salle de thérapie. Cette pièce est généralement baignée d'une lumière bleutée qui filtre à travers des ouvertures de formes diverses sur la partie du corps qui doit être traitée. Son livre contient des instructions précises sur la thérapie des couleurs sur une base purement mentale mais il serait certainement profitable de suivre un cours de formation à la clinique même. Le système des filtres de couleur devient de plus en plus populaire parmi les chromothérapeutes, la plupart utilisant une lampe ou un projecteur dans lesquels le filtre peut être inséré. Le patient peut également s'asseoir dans un dispositif du genre "Thermolume" de Babbitt, afin de se plonger dans la couleur provenant de divers écrans fixés sur le devant de l'appareil.

Une autre méthode courante consiste à envelopper d'un filtre de couleur un verre d'eau que l'on place au soleil pendant une heure ou deux. L'eau est alors soit bue, soit utilisée pour baigner les régions malades. C'est l'une des méthodes utilisées par le College of Psychotherapeutics de White Lodge, à Spalding dans le comté de Kent, où il est possible de séjourner soit pour étudier se faire soigner ou les deux.

Une variante des méthodes ci-dessus est utilisée au Relaxarium du château de Caulet, à Mazerolles-du-Razes, en France. Les patients s'allongent confortablement pour prendre des bains de soleil sous des filtres colorés. On coordonne cette thérapie avec des séances de yoga et d'autres exercices, le tout au coeur d'une campagne paisible.

Annie Wilson et Lilla Bek, dans leur livre *What Colour are You?* [2], énoncent un autre système qui associe la thérapie des couleurs et le yoga. Les auteurs travaillent à partir des centres chakriques du corps, à l'aide de divers exercices de yoga. Des instructions détaillées et des photographies décrivent ce système. Je suis cependant persuadée que le yoga doit être enseigné de vive voix, sinon le sujet risque d'adopter une position incorrecte, susceptible de lui faire plus de mal que de bien et dont il lui sera difficile de se débarrasser.

La médecine chakrique

Plusieurs chromothérapeutes travaillent à partir des points chakriques. Les ckakras sont des endroits du corps aurique dans lesquels l'énergie est centralisée. On estime qu'ils sont au nombre de sept et peuvent être distingués par les voyants sous forme de tourbillons lumineux. S'ils se comportent correctement et semblent bien équilibrés, tout va bien. Dans le cas contraire, un traitement de rééquilibrage est nécessaire. Les ckakras influencent les régions pertinentes du corps physique et leurs couleurs et attributs correspondent aux couleurs du spectre. Par conséquent, il est facile de s'en souvenir.

Région	*Couleur*	*Attribut*
Sommet du crâne/pituitaire	Violet	Spiritualité/philosophie
Front (troisième oeil)/ pinéale	Bleu	Double vue
Gorge/thyroïde	Turquoise	Intelligence/capacités auditives extra-sensorielles
Coeur	Vert	Compréhension/compassion
Estomac/plexus solaire	Jaune	Sentiment
Surrénales/rein	Orange	Sentiment/sensation
Sacrum/bas de la colonne	Rouge	Énergie sexuelle/procréation

Le traitement accordé au chakra pertinent revêt généralement la forme d'un réapprovisionnement en couleur. Les chakras sont en équilibre très délicat et les thérapeutes inexpérimentés ne doivent pas s'en mêler car ils risquent d'aggraver la situation. De nombreux guérisseurs allient le yoga et les massages à la thérapie chakrique.

Mary Anderson, dans son excellent ouvrage *Colour Healing* [3] recommande la respiration de la couleur, qu'elle considère comme aussi importante que l'absorption d'eau chargée de couleur. Elle donne des instructions sur la manière de respirer la couleur. Ici aussi, les chakras représentent un élément important de la chromothérapie, mais l'auteur recommande la consultation d'un spécialiste. En général, les traitements sont fonction des correspondances de couleurs. Par exemple, des fruits et légumes rouges sont associés à de l'eau chargée de rouge pour soigner l'anémie, tandis qu'un rayon de lumière rouge est appliqué à la plante des pieds et au chakra "rouge", à la base de la colonne vertébrale. De nombreuses autres illustrations des traitements sont données dans cet ouvrage. L'auteur décrit brièvement une thérapie à l'aide de pierres précieuses qui est utilisée en Inde. Les pierres sont disposées en un disque qui tourne lentement, de manière que leurs rayons tombent sur la photographie du patient. Par cette méthode, on n'applique pas le système habituel de correspondance des couleurs à l'exception du rubis qui, dit-on, reflète le rayon cosmique rouge et le soleil, et qu'on utilise pour traiter les cardiopathies, l'anémie et autres troubles. Le Dr Bhattacharyya, partisan de ce système, estime que la perle (la Lune) reflète le rayon orange. Le corail (Mars), le jaune et ainsi de suite. Sa théorie comporte deux autres éléments intéressants: l'onyx qui, dit-il, transporte les ultraviolets et l'oeil de chat, les infrarouges.

Mary Anderson décrit également un autre système de traitement par la couleur qui met en jeu des chiffres, des notes de musique ainsi que des fruits et des légumes, qui tous correspondent au rayon cosmique utilisé.

Les parfums peuvent également être combinés à la couleur et à la musique. Une méthode de ce type est décrite par Roland Hunt, auteur de *Fragrant and Radiant Healing Symphony*[4]. L'auteur utilise des rayons cosmiques, des parfums, des notes de musique et des lampes aux couleurs pertinentes.

Il existe une méthode de traitement à l'aide de cristaux chargés soit de lumière blanche et pure, soit de lumière de la couleur requise. Le Crystal Healing Centre[5] de Sherborne, dans le Dorset, a recours à ce système qui peut également servir à corriger un déséquilibre chakrique. Il est fréquemment combiné au yoga, aux massages et à d'autres méthodes. Il se peut que les cristaux permettent d'amplifier d'une manière ou d'une autre les énergies thérapeutiques.

Vous pouvez facilement expérimenter à l'aide de lumières colorées. Vous constaterez dans quelle mesure elles influencent votre humeur et votre bien-être général. Essayez le rouge, l'orange et peut-être aussi le jaune pour élever votre température corporelle, vous égayer et stimuler votre esprit. Vous découvrirez probablement que quelques minutes sous une lumière aussi éclatante suffisent amplement. La lumière d'un bleu ou d'un vert vif ralentit le rythme cardiaque, abaisse la température corporelle. Cependant, il n'est guère recommandé de passer trop brutalement des unes aux autres. Il existe de nombreuses boutiques dans lesquelles vous pouvez faire l'expérience de ce type de "douche écossaise". Par conséquent, inutile de dépenser votre argent pour acheter des lampes de couleur puisqu'il vous est possible de connaître gratuitement ces sensations!

La chromothérapie et le pouvoir psychique

Après avoir fait le tour des accessoires matériels, nous en arrivons à la thérapie qui utilise la couleur dans son sens le plus subjectif, en la visualisant et en envoyant des rayons colorés soit directement sur le sujet soit en son absence. De nombreux thérapeutes utilisent cette méthode et possèdent leur propre interprétation des couleurs. Cependant, j'ai l'intention de ne décrire qu'une seule de ces méthodes ici. Il s'agit de celle qu'appliquent les Atlantes.*

Les Atlantes constituent un organisme philosophique qui s'intéresse à tous les sujets de l'âge nouveau, y compris la méditation, la connaissance de soi, les pouvoirs extra-sensoriels, les règnes de la nature et, bien entendu, l'Atlantide! Cependant, la thérapie est l'une de ses fonctions primordiales. Ses membres apprennent à soigner les autres et à se soigner eux-mêmes. Avant de nous

* En anglais: les "Atlanteans". (*N.D.T.*)

plonger dans leurs méthodes, nous mentionnerons quelques opinions divergentes. Nous savons comment la prise de conscience de la couleur a évolué dans le passé, notamment dans le domaine de la thérapie, et nous avons vu quelles étaient les correspondances que l'on pouvait établir entre maladies, plantes et fruits, etc. Cela s'applique également à la thérapie psychique bien que chaque thérapeute ait tendance à émettre son interprétation personnelle.

La plupart reconnaissent que le **bleu** est une couleur apaisante, purificatrice, calmante. Le **blanc** est aussi utilisé pour des soins généraux. Là s'arrête leur accord car l'utilisation des autres couleurs est très personnelle. En tant que thérapeute membre des Atlantes, je pourrais être horrifiée à l'idée de recommander le **rouge** à quiconque, sauf pour une raison bien précise que je décrirai plus loin. Mais certains jugent cette couleur très utile pour soulager la dépression, l'anémie et autres troubles. Le **jaune** est aussi une couleur très controversée (je ne l'associe ni au soleil ni à la lumière dorée) mais selon une certaine école de pensée, elle stimule les pouvoirs mentaux et fait circuler l'énergie. Le **vert**, une couleur qu'il faut utiliser avec circonspection car elle peut être déprimante, peut être, dit-on, efficace pour traiter les "futures mères et les homosexuels [6]"! Il est d'ailleurs fort possible qu'il le soit, lorsqu'il est utilisé par cette école de pensée particulière. Cela vous montre à quel point les opinions des thérapeutes divergent. Certaines suggestions sont plutôt simplistes. Par exemple, le pourpre, ayant des connotations religieuses, doit être utilisé pour repousser les esprits malins. En tant que première ligne de défense, il peut cependant être très utile. De nombreux thérapeutes recommandent que l'on entoure le patient de lumière, laquelle est composée, bien entendu, de toutes les couleurs du spectre. C'est une excellente suggestion, mais ceux qui désirent acquérir des connaissances plus précises doivent s'inscrire à un cours de chromothérapie. Ce domaine est très complexe. Si vous commencez par y aller au jugé vous ne ferez sans doute pas grand mal, mais vous ne ferez pas grand bien non plus. Une formation pratique est préférable. Au fur et à mesure que vous acquerrez de l'expérience, vous mettrez au point vos propres méthodes. La plupart des thérapeutes s'accordent pour reconnaître qu'on doit utiliser le rouge et le vert avec circonspection. Le bleu et le turquoise sont les plus utiles pour décontracter le corps et le purifier. Le jaune et l'orange, bien que revitalisants, doivent être employés avec modération.

Les Atlantes estiment que lorsqu'il s'agit de guérir des troubles précis, il est nécessaire de travailler en compagnie d'une ou deux autres personnes. L'un des membres du groupe doit avoir suivi un enseignement pratique. Bien que les cours par correspondance aient certainement leur valeur, rien ne vaut un cours pratique pendant lequel on peut poser des questions et comparer ses expériences avec celles des autres. Malheureusement, beaucoup de gens qui seraient intéressés par la chromothérapie sont dans l'impossibilité, pour des raisons personnelles, professionnelles, ou d'éloignement géographique, de se joindre à un groupe ou de prendre part à des cours donnés à la maison. Les Atlantes ont mis au point un cours destiné à ces personnes [7]. Bien qu'il ne comprenne pas les instructions détaillées données à un thérapeute qui appartient à un groupe, il est suffisamment structuré pour fournir des bases solides. Six séances très simples donnent les instructions fondamentales sur les sons de l'aura, la concentration, la méditation, la visualisation et les techniques de soins et de prières à distance. Le cours met en quelque sorte l'accent sur la protection des participants et la concentration des pouvoirs de guérison non seulement sur les autres mais aussi sur soi.

Vous aurez peut-être l'impression que ce cours met trop l'accent sur la protection du patient et du thérapeute. Nombreux sont ceux qui demandent: "Mais de quoi devons-nous avoir peur?" ou "Si l'on soigne avec amour, comment peut-on faire du mal?" Tout cela est bien joli mais peu réaliste. Les meilleures intentions ne vous mettent pas à l'abri des "envahisseurs" physiques ou mentaux et il est normal de prendre des précautions raisonnables. Très peu d'entre nous sont capables de parcourir le monde à l'abri de toutes sortes de dangers grâce à la puissance de notre pensée. Iriez-vous flâner dans un quartier mal famé sans aucun moyen de défense, à moins d'y être obligé? Omettez-vous habituellement de verrouiller la porte de votre maison ou la portière de votre voiture? L'amour seul ne maintient pas les cambrioleurs à distance. Vous devez prendre des précautions à tous les niveaux: verrouiller la porte, sur le plan matériel, émettre une pensée ou une prière, sur le plan mental, enfin, si vous le désirez, laisser une pensée d'amour pour les malheureux êtres égarés au point de vouloir saccager la propriété d'autrui. Ainsi, vous aurez pris vos précautions à tous les niveaux: mental, matériel et spirituel. Bien entendu, nous prenons tous des risques, en nous disant que les ennuis n'arrivent qu'aux autres. Personnellement, je ne me souviens que très rarement, après avoir verrouillé la porte, des deux autres précautions. (À ceux qui désire approfondir ces idées, je suggère la lecture du dernier ouvrage de Murry Hope, *Practical Techniques of Psychic Self Defence*. Mme Hope est l'un des membres fondateurs des Atlantes et connaît ces techniques sur le bout des doigts.)[8]

Mais en thérapie, il importe de se protéger aux trois niveaux et il est sage de ne pas prendre de risques. À l'époque où j'apprenais la chromothérapie, j'ai entendu parler de plusieurs tentatives effectuées par des thérapeutes inexpérimentés qui, avec les meilleures intentions du monde, voulaient débarrasser leurs patients de maladies graves. Dans l'un des cas au moins, le patient guérit bel et bien mais le thérapeute contracta la maladie. On peut voir régulièrement dans les magazines spécialisés dans les domaines psychiques, d'anxieuses demandes de conseils émanant de thérapeutes ayant contracté la maladie de leur patient. Dans un numéro récent [9], un lecteur raconte qu'après avoir essayé de soigner un ami, il avait commencé à ressentir des difficultés de respiration et s'était alors rendu compte que son patient avait souffert d'une maladie de poitrine. Lorsque le thérapeute est expérimenté, il est possible qu'il se débarrasse facilement de ces retombées mais, dans le cas contraire, cela risque de se révéler plus problématique. N'est-il pas plus simple de prendre des précautions avant de commencer? Bien sûr, il existe des cas extrêmes. Les Atlantes prônent certaines mesures de sécurité non pas pour entretenir la peur, mais par simple bon sens. Les thérapeutes peuvent transmettre aux patients certains éléments indésirables et, bien que la majorité d'entre nous ait tendance à rejeter inconsciemment tout ce qui nous paraît nocif, de quelque nature que ce soit, il est possible qu'une personne malade ou gravement atteinte ne dispose pas d'un mécanisme de défense suffisamment puissant pour résister.

La technique thérapeutique des Atlantes

Le niveau de base sur lequel vous devez vous préparer est, bien entendu, le niveau physique. Vous devez adopter une position confortable, être décontracté mais vigilant, ne pas avoir faim mais ne pas avoir non plus englouti dans les minutes qui précèdent un gros repas. Ainsi, vous êtes prêt pour l'aspect le plus important de la technique des Atlantes: la maîtrise de l'aura. Le cours décrit en détail les fonctions de l'aura et vous apprend à garder celle-ci en bonne condition. Pour commencer, il faut faire un exercice de prise de conscience corporelle, en débutant par les pieds et en terminant par le sommet du crâne. Si votre esprit se met à vagabonder pendant cet exercice, vous devrez sûrement repartir à zéro, depuis les pieds. Ensuite, vous pouvez recommencer l'exercice en dessinant autour de vous une lumière blanche ou bleue, jusqu'à ce que vous soyez entièrement enveloppé par elle. Si vous éprouvez des difficultés, imaginez que vous entrez dans un sac de plastique bleu, que vous ramenez autour de vous en le scellant à l'aide d'une croix, une *ankh* ou n'importe quel autre symbole que vous utiliseriez normalement pour vous protéger. Il est extrêmement important que vous soyez aussi détendu que possible et si vous avez correctement effectué l'exercice, vous devez vraiment vous sentir décontracté. Prenez aussi quelques profondes respirations. Cette technique est utilisée non seulement pour les patients mais aussi pour les thérapeutes qui travaillent seuls car un patient peu détendu risque de ne pas profiter suffisamment de la séance.

Bien entendu, l'aura émane de l'esprit et, en tant que telle, jaillit perpétuellement du corps, mais l'exercice ci-dessus la renforcera. Vous savez que votre esprit la maîtrise et vous pourriez essayer d'en modifier la couleur. Demandez à un autre thérapeute quelles sont les couleurs qu'il voit apparaître autour de vous. Vous pouvez aussi effacer complètement votre aura, vous pouvez au contraire l'étendre, mais quoi que vous fassiez, ne l'oubliez pas! La thérapie doit toujours se dérouler à travers le filtre de l'aura. Imaginez que c'est un filet de mailles très fines qui ne laisse passer que les énergies cosmiques les plus élevées. Si vous pensez que votre aura a été endommagée, effectuez l'exercice de prise de conscience, en visualisant avec force la partie atteinte et en imaginant qu'elle est réparée, ou demandez à un autre thérapeute de le faire. Même des coupures sans gravité provoquent une rupture de l'aura qui doit être immédiatement réparée. Vous pouvez le faire vous-même en attirant les énergies cosmiques, en imaginant que vous les voyez traverser votre aura, passer à travers le sommet de votre crâne pour ressortir par le bout de vos doigts. Tenez vos mains pendant deux ou trois minutes (elles vous paraîtront très longues) au-dessus de la région blessée et imaginez que l'énergie répare la déchirure de l'aura, un peu comme lorsqu'on reprise une chaussette. L'exemple suivant vous donnera une idée plus précise du mécanisme.

L'une de mes amies qui était non seulement thérapeute Atlante mais aussi infirmière, bavardait un jour (à l'heure du thé bien entendu) avec l'une de ses collègues. Elles avaient déjà parlé de la thérapie et mon amie expliquait que la technique des Atlantes consiste surtout à travailler avec l'aura. "Est-ce que l'aura serait cette lumière que je vois autour de tout le monde?" s'enquit la collègue. "Pourquoi est-ce qu'elle semble déchirée lorsque les gens se font mal?" Elle déclara qu'elle voyait cette "lumière" autour des gens depuis de nombreuses années mais qu'elle ne savait pas ce que cela signifiait. Mon amie lui expliqua ce qu'était l'aura et mentionna les techniques de guérison dont j'ai parlé plus haut. "Attendez un peu", dit sa collègue en se levant. Elle sortit de la pièce pour revenir quelques instants plus tard avec une coupure au doigt par laquelle le sang coulait. "Pouvez-vous guérir cela?" demanda-t-elle. Mon amie commença à visualiser l'énergie qui s'écoulait de ses mains. Elle les tint au-dessus du doigt coupé, scellant la petite coupure de l'aura. "Je vois une lumière bleue qui sort de vos mains", lui dit sa collègue. "Le sang ne coule plus." Malheureusement, cette dame fut effrayée par sa faculté de perception de l'aura et, par la suite, évita toute allusion à la question. Peut-être sera-t-elle un jour capable de considérer ce sujet d'une manière entièrement objective.

Cette illustration est très simple. Il est donc possible de sceller une rupture de l'aura et il est même possible que certaines personnes voient l'aura sans le savoir! Dans les cas de choc extrême ou de blessure générale, il serait nécessaire de visualiser la totalité de l'aura, de la replacer symétriquement par rapport au corps et de la sceller soigneusement. Il vaut mieux que cette tâche soit entreprise par un thérapeute ou un groupe de thérapeutes expérimentés. Cependant, la technique ci-dessus est très utile pour se débarrasser de lésions superficielles ou de petites brûlures. L'expérience m'a révélé qu'elle était très efficace et permettait même de prévenir l'apparition d'un hématome ou d'une cloque lorsqu'elle était appliquée à temps. Vous pouvez utiliser de la lumière bleue ou blanche bien que certains thérapeutes préfèrent un rayon incolore. Tout dépend de vos impressions personnelles à ce moment-là.

Le blanc est une couleur importante pour les Atlantes. Il peut être utilisé pour recharger et sceller l'aura, la vôtre ou celle de quelqu'un d'autre. D'ailleurs, la plupart des simples problèmes peuvent être résolus à l'aide d'une lumière blanche ou bleue. Parfois, une couleur douce et apaisante est nécessaire pour soulager la douleur et la tension. Nous utilisons alors le **corail** ou le **rose**, qui suggèrent la chaleur et le confort. Le rouge est facile à visualiser mais il ne doit pas être utilisé pour soulager. D'ailleurs les Atlantes utilisent rarement le rouge, sauf pour soigner certaines lésions ulcéreuses qui doivent être asséchées.

Le **rouge** ne doit en aucun cas être employé pour guérir un trouble mental.

Le **lilas** est parfois utilisé mais c'est une couleur plutôt "lourde" et une grande accumulation de pouvoir est nécessaire si l'on veut qu'elle agisse efficacement. Elle doit donc être réservée aux thérapeutes expérimentés. Sa fonction consiste à remplir et à reconstruire.

Le **vert**, comme je l'ai expliqué plus haut, n'est utilisé qu'avec modération. On peut s'en servir pour calmer les personnes hyperactives, voire violentes, mais il ne convient pas aux patients qui souffrent de tension nerveuse ou de dépression car l'effet peut être particulièrement négatif.

Le **jaune** n'est pas une couleur ordinairement utilisée. Elle a cependant son utilité dans des circonstances très spéciales. Elle est mentalement très stimulante et on pense qu'elle produit un effet euphorisant qui, s'il est exagéré, peut conduire à l'épuisement et à la dépression.

Donc, les techniques des Atlantes font en général appel à trois couleurs de base seulement: le blanc, le bleu et le corail. L'or et l'argent sont parfois utilisés pour soigner des maladies mentales (des cas psychologiques) ou des maux de tête et des maux d'yeux.

De nombreux thérapeutes préfèrent éviter l'usage de la couleur bien qu'il arrive souvent, comme dans le cas de la coupure mentionnée plus haut, qu'une personne voyante distingue une couleur (en l'occurrence du bleu) que le thérapeute n'avait pas consciemment visualisée.

Les exercices décrits plus haut sur la visualisation des couleurs permettent à l'esprit de se concentrer au point de pouvoir ensuite utiliser les teintes pour soigner une lésion. Mais pour suivre le cours des Atlantes destiné aux thérapeutes travaillant seuls, la couleur n'est pas nécessaire. Quoi qu'il en soit, si vous trouvez difficile de visualiser les couleurs, ce qui est le cas de beaucoup de gens, essayez de ne penser qu'aux sensations que vous voulez transmettre: froid, chaud, apaisement, stimulation, purification, etc. La plupart des débutants parviennent à visualiser le bleu et le blanc et, après avoir acquis un peu d'expérience, peuvent soit abandonner les couleurs soit poursuivre au contraire dans cette voie, en fonction de l'orientation des capacités thérapeutiques de chacun.

Il existe de nombreux guérisseurs et chromothérapeutes qu'il nous est impossible de mentionner ici. La thérapie peut revêtir plusieurs formes et nous devons nous familiariser avec quelques-unes d'entre elles avant de découvrir notre propre longueur d'onde. Car ce qui convient à l'un ne convient pas obligatoirement à l'autre et des problèmes physiques très graves risquent de nécessiter un traitement médical de nature traditionnelle. Cependant, s'il est possible de l'allier à des soins chromothérapeutiques quelconques, le patient sera traité sur tous les plans possibles et pas seulement pour une maladie isolée et localisée. En outre, sans être réellement malades, nous sommes souvent fatigués, tendus, soucieux et, par conséquent, incapables de jouir pleinement de la vie et d'explorer à fond notre potentiel. C'est ici que les méthodes non traditionnelles entrent en jeu, faisant appel à toute une gamme de traitements. Bien entendu, il est indéniable que ces méthodes permettent de soigner toutes sortes de maladies véritables, parfois même lorsque la médecine traditionnelle a échoué. Tout dépend, comme je l'ai dit plus haut, de la découverte de notre propre "longueur d'onde".

La couleur est un élément indispensable de notre vie. Prenons-en davantage conscience, profitons-en, exploitons-la au maximum. Même si nous sommes incapables de bien distinguer certaines couleurs, nous pouvons sentir leur puissance, les goûter, comme je l'ai mentionné à plusieurs reprises dans cet ouvrage. Essayons donc de nous forger un nouveau monde, plus gai, plus palpitant, plus coloré!

Sources

1. Ellinger F. Voir Birren, Faber. *Color and Human Response*, Van Nostrand Reinhold Co. Inc., É.-U., 1978.
2. Wilson, Annie et Lilla Bek. *What Colour Are You?* Turnstone Press Ltd., 1982.
3. Anderson, Mary. *Colour Healing*, The Aquarian Press, 1979.
4. Hunt, Roland. *Fragrant and Radiant Healing Symphony*, H.G. White, 1949.
5. Crystal Healing Centre, J. & J. Harvey, Middle Piccadilly, Holwell, Sherborne (Dorset). Tel: Bishops Caundle 468.
6. Strachan, Françoise. *Natural Magic*, Marshall Cavendish Publications Ltd., 1974.
7. Healing in the World Today (Atlanteans Association Ltd.). Cours élaboré par les Atlantes et comprenant des instructions de base sur les techniques de thérapie. On peut se le procurer auprès des Atlantes, Runnings Park, Croft Bank, West Malvern (Worcestershire) au prix de £ 1,75.
8. Hope, Murry. *Practical Techniques of Psychic Self Defence*, The Aquarian Press, 1983.
9. *Prediction*, décembre 1983.

Autres lectures

Gimbel, Theo. *Healing Through Colour*, C. W. Daniel Co. Ltd., 1980.

Gimbel, Theo. *Key, Lock and Door*, Hygeia Publications, 1976.

S.G.J. Ouseley. *Colour Meditations*, L.N. Fowler & Co, Ltd., 1949.

Sturzaker, James. *The Twelve Rays*, The Aquarian Press, 1976.

Index

Table des matières

ENVIRONMENTAL CHOICE · CHOIX ENVIRONNEMENTAL ·

Ce livre est imprimé sur
du papier contenant plus
de 50% de papier recyclé
dont 5% de fibres recyclées.

Achevé d'imprimer au Canada
Imprimerie Gagné Ltée Louiseville